高等职业教育心理学与心理发展研究

吴　静◎著

吉林出版集团股份有限公司

图书在版编目（CIP）数据

高等职业教育心理学与心理发展研究 / 吴静著. —

长春 : 吉林出版集团股份有限公司，2022.10

ISBN 978-7-5731-2475-3

Ⅰ．①高… Ⅱ．①吴… Ⅲ．①高等职业教育—教育心

理学—研究 Ⅳ．①G44

中国版本图书馆 CIP 数据核字 (2022) 第 190163 号

高等职业教育心理学与心理发展研究

著　　者	吴　静	
责任编辑	陈瑞瑞	
封面设计	林　吉	
开　　本	787mm×1092mm　　1/16	
字　　数	230 千	
印　　张	10.5	
版　　次	2022 年 10 月第 1 版	
印　　次	2022 年 10 月第 1 次印刷	
出版发行	吉林出版集团股份有限公司	
电　　话	总编办：010-63109269	
	发行部：010-63109269	
印　　刷	廊坊市广阳区九洲印刷厂	

ISBN 978-7-5731-2475-3　　　　　　　　　　　定价：68.00 元

前　言

教育心理学是心理学的重要分支，主要研究教育和教学过程中教育者和受教育者的心理活动现象，以及心理活动的产生和变化，揭示教育教学活动中受教者接受知识和技能的特点和发展规律。教育心理学是介于教育科学和心理科学之间的边缘学科，教育心理学主要研究在教育情境下，人类的学习、教学心理、教育干预的效果和学校组织等，其重点是把心理学的有关理论应用于教育教学中，实现教育质量的提高，促进学生的身心发展。

高等职业教育相对于普通高等教育来说，在教学目标、教学方法、师生互动、学生学习心理和教师教学心理等方面都更加复杂和多变。目前，教育领域研究更多的是心理学理论对于高等教育的影响和意义，对于高等职业教育的关注相对较少。本书就教育心理学理论在高等职业教育工作中的应用意义和策略展开研究，并提出了一些具体可操作的策略，以供广大高等职业教育者参考。

高职院校教师通过掌握教育心理学理论知识，在教育教学中积极实践，能更好地掌握高职学生的心理特征和学习特性。这有利于教师使用科学有效的教学方法，因材施教，建立积极的教师期待，并且能增进和学生之间的互动，形成良好的师生关系，激发学生的学习热情。高职学生的心理发展虽然趋于成熟，但还达不到成年人的心理发展水平，加之个性较强，因此在学习过程中容易出现问题。此外，由于高职学生复杂多变的心理特征，在适应性、抗挫力、人际交往等方面都比较容易产生心理问题。心理学知识能让学生更好地了解自己、认识自我，客观地进行自我评价，增强学生的适应性和抗挫力，合理调节情绪和释放压力，有助于学生身心的和谐发展。

为了提升本书的学术性与严谨性，在撰写过程中，笔者参阅了大量的文献资料，引用了诸多专家学者的研究成果，因篇幅有限，不能一一列举，在此一并表示最诚挚的感谢。由于时间仓促，加之笔者水平有限，在撰写过程中难免出现不足的地方，希望各位读者不吝赐教，提出宝贵的意见，以便笔者在今后的学习中加以改进。

目录

第一章　教育心理学概述

第一节　教育心理学的研究对象与学科性质

一、教育心理学的研究对象

（一）教育心理学研究对象的演变

　　教育心理学的研究对象是随着其自身的发展而不断发展和逐步明确的。早在 1806 年，德国教育学家 J. 赫尔巴特（1776—1841）就出版了《普通教育学》一书，该书企图以心理学的观点来阐述教育的一些重要问题。赫尔巴特认为，教育心理学是把心理学知识应用于教育的一门学科。但这种观点使教育心理学难以同普通心理学的其他分支学科区分开来，成为一门独立的学科。直到 1903 年教育心理学的奠基人桑代克在他的《教育心理学》一书中指出，教育心理学的根本任务在于向人们提供人性变化的知识，而人性的变化是通过学习实现的，所以学习在教育心理学中占中心地位。桑代克创建的以学习为中心的教育心理学体系，不仅具有内在的逻辑联系，而且使教育心理学具有了独特的研究对象，并能与邻近的教育学科和心理学科相区分。此后相当长的时期内，学习心理作为教育心理学研究的核心内容。20 世纪 60 年代以后，教育心理学越来越注重结合教育实际，为学校教育服务，推动了教育心理学的研究从学习心理向教学心理的转变。至此，人们越来越意识到，教育心理学不仅仅研究学习心理，还要研究教学心理，研究学习与教学之间的相互作用。因此，大多数学者都倾向于把教育心理学定义为学校情境中学与教的心理与行为的研究。

　　我国心理学界对教育心理学的定义大体可分为两类：一类定义认为，教育心理学是研究教育过程中的心理现象及其规律的。这一观点最早见于 1963 年潘菽主编的《教育心理学》一书。潘菽认为"教育心理学的对象就是教育过程中的种种心理现象及其变化"。换句话说，教育心理学就是研究教育过程中的心理现象及其变化规律的科学。另一类定义则认为，教育心理学是有关学校情境中学与教的基本心理规律的探索。这一观点最早见于邵瑞珍 1982 年出版的《教育心理学——学与教的原理》一书中。在该书中，她提出"教育心理学是研究学校情境中学与教的基本心理学规律的科学"。这一定义在目前影响较大，不少教科书都采用了这一定义。除了上述两类定义外，还有其他定义，但基本上与上述两类定义大同小异。上述两类定义都各有其特点，如果说前一类定义是对教育心理学研究对象的一种概括的表述，那么，后一类定义对教育心理学研究对象的表述则比较明确具体。

（二）教育心理学研究对象的确定

根据上述分析，本教材将教育心理学定义为：研究在学校教育和教学情境中学与教的心理现象和心理发展规律的科学。它是应用心理学的一种，是心理学和教育学的交叉学科。但它并不是将普通心理学的一般原理和方法拿过来简单地在教育领域中加以应用。教育心理学探讨的是学生学习过程的心理规律和影响学生学习的各种因素，如学习的实质、动机、过程与条件等，并据此创设有效的教学情境，如学习资源的利用、学习活动的安排、师生互动过程的设计与学习过程的管理等，从而促进学生的学习。我们可以从以下几个方面来理解教育心理学的研究对象。

首先，教育是人类培养新生一代的社会实践活动，它除了学校教育外，还包括家庭教育和社会教育。虽然这三种教育形式存在一些共同规律，但又有各自的特殊性。学生的绝大多数时间是在学校中度过的，学校教育承担着培养学生的主要责任，狭义的教育心理学不是研究一切教育领域中的心理现象，而是主要研究学校教育过程中的心理现象及其规律。

其次，从学习过程与教学过程的相互关系来看，学与教事实上是对同一过程不同角度的理解，学习过程侧重于学生内部的心理变化发展过程，而教学过程侧重于教师的教，表现为一种物质活动的外部过程，外部过程必须以内部过程为基础，又要促进内部过程的不断发展。要研究教师该怎么教，首先就要理解学生是如何学。因此，教育心理学的研究对象首先必须是受教育者在教育条件下，思想品德、知识技能、智力与个性的习得与发展规律，在此基础上才能更好地组织教学内容或科学信息的传输，使教育手段的实施达到预先的目的，提高教育效率。

最后，教育过程包括师生双方的活动，学生既是教育的客体，又是教育的主体，教师的主导作用在于充分发挥客体的主观能动性。而在整个教育过程中，学生主观能动性的发挥又自始至终受到各种认知或非认知因素的影响。因此，教育心理学也要研究各种影响学生学习的因素，探讨它们的形成、变化和发展的规律，以更好地帮助学生进行有效的学习，提高其学习积极性。

二、教育心理学的研究内容

教育心理学是一门通过科学方法研究学与教相互作用的基本规律的科学，是应用心理学的一个分支。在宏观上，学与教的过程是一个系统过程，该系统包括学生、教师、教学内容、教学媒体和教学环节五种要素，由学习过程、教学过程和评价／反思过程这三种活动过程交织在一起。

（一）学习与教学因素

1. 学生

在影响学与教的因素中，学生是学习的主体因素。学习活动是学习者的一种个体认识活动，它不可能由任何人所替代。一切知识和思想都必须通过学生自身的活动才能内化为其认知模式和道德品质的一部分。学生这一要素主要从两个方面来影响学与教的过程：一是群体差异，二是个体差异。

第一是群体差异，包括年龄、性别和社会文化差异等。以年龄差异为例，年龄差异主要体现在思维水平的差异上。不同年龄阶段的学生具有不同的思维水平，其学与教的过程也表现出相应的不同。同样一种教学方法，在高职院校也许效果很好，但在中学可能就行不通。第二是个体差异，是指"个人在认识、情感、意志等心理活动中表现出来的相对稳定而又不同于他人的心理、生理特点"，它包括先前知识基础、学习方式、智力水平、兴趣和需要的差异。教学中，面对学生的这种个体差异时，有针对性地因势利导，帮助学生认识自己的优势，发展自己的潜能，按照学生自己的兴趣和特长进行学习，让他们在教学中找到属于自己的乐趣，这时学生的个体差异就成为教学中的一笔可贵的财富。

2. 教师

在教育过程中，学生是学习过程的主体，但这并不否定教师对学生的指导地位。学校教育需要按照特定的教育目标来有效地组织教学，教师在其中起着关键作用。现代教育心理学的研究表明，学生的学习是一个积极主动的知识建构的过程，教师所应充当的是学生学习的引导者和促进者角色，教师是"催生理解的接生婆"，而不是"知识传送的机器"。教师的敬业精神、专业知识、专业技能以及教学风格等会影响到学与教的过程。此外，教师的心理、个性、情感也会影响学与教的过程。

3. 教学内容

教学内容是学与教的过程中有意传递的主要信息部分。教学内容一般表现为课程内容标准、课程、教学目标以及教学材料等。教育心理学并不研究课程内容，但十分关注教学内容的结构、难度与学生心理发展水平之间的关系，非常重视教学目标的设置、教学内容的分析和组织方法。

4. 教学媒体

教学媒体是教学内容的载体，是教学内容的表现形式和师生之间传递信息的工具，如实物、文字、口头语言、图表、图像及动画等。教学媒体往往要通过一定的物质手段实现，如书本、板书、投影仪、录像机以及计算机等。随着科学技术的发展，教学媒体已成为一个具有独特意义的因素。不仅影响着教学内容的呈现方式和容量的大小，而且对教师和学生在教学过程中的作用、教学组织形式以及学生的学习方法等都产生了深远的影响，因此日益成为教育心理学研究所关注的一项独特的课题。

越来越多的研究表明，现代教学媒体使用中的心理学问题不容忽视，教师和学生使用媒体的心理过程和心理现象值得研究者关注。比如，有研究者认为，现代教学媒体容易对学习的过程造成干扰，多媒体课件的使用"不利于学生思维能力的培养，也不利于课堂师生情感的交流"。

5. 教学环境

教学环境包括物质环境和社会环境两个方面，前者涉及课堂自然条件（如温度和照明）、教学设施（如桌椅、黑板和投影仪）及空间布置（如座位的排列）等，后者涉及课堂纪律、课堂气氛、师生关系、同学关系、校风及社会文化背景等。教学环境影响学生的学习过程和方法、教学方法及教学组织，尤其是社会环境，不仅关系到学生情感和社会性的发展，对学生的认知发展过程也有直接的作用。因此，在教育心理学中，教学环境不仅是课堂管理研究的主要范畴，也是学习过程研究和教学设计研究所不能忽视的重要内容。

在传统的教学环境中，学习者经常被剥夺了发展决策、自我监督、注意调整等技能的机会，这些技能对优化学习经验是十分必要的。基于建构主义的学习理论，如果能够提供学习者自己选择和追求自身兴趣的学习环境，学习者会对自己的学习承担更大的责任。

（二）学习与教学的过程

1. 学习过程

学习过程是教育心理学家进行最早也是最多的一项研究内容。这些研究结果构成了学习和动机理论，各家各派学习理论之争集中体现在对学生学习过程的不同解释上。

2. 教学过程

在教育心理学中，人们对教学过程的研究起步较晚，但发展很快。目前已逐渐形成了一套完整的有效教学理论。

3. 评价／反思过程

评价／反思过程既可在学习过程和教学过程之后，作为一个独立的部分，又可贯穿在学习过程和教学过程之中。它是对学习和教学效果进行测量、评定和反思，以及加以改进的过程。学习、教学、评价／反思三种过程交织在一起，相互影响。学习过程受教学过程影响；教学过程要围绕学习过程进行，并且通过学习过程起作用；评价／反思过程随学习过程和教学过程而变化，反过来又促进学习和教学过程。同时，这三种过程都受到学习和教学因素的共同影响。

三、教育心理学的学科性质

任何一门学科的性质都是与其研究对象密不可分的，研究对象规定学科体系并决定这门学科的性质，并以自己学科的特点来和其他学科相区别。教育心理学是研究学校教育教学情境中学与教的基本心理规律的科学，是一门特点鲜明的学科，其学科性质可以从不同的侧面加以剖析，其特点主要表现在以下几个方面：

（一）心理科学与教育科学的交叉

教育心理学既是心理学的一门分支学科，具有心理科学的特点和规范，又是教育和心理有机结合的交叉学科，教育心理学是研究学校教育情境中学生学习与教师教学的心理规律的科学，其研究对象的特殊性决定了它与教育领域中人们的教育实践活动密不可分，教育心理学被视为教育科学体系中的一部分，具有教育科学的某些特点。

（二）自然科学与人文社会科学的交叉

教育心理学作为心理学的一门分支学科，也是一门兼有自然科学和社会科学性质的交叉学科。教育心理学不但在其课题研究中要运用自然科学的研究方法和手段，如实验法、计算机等，而且在其理论构建和技术开发中也必须吸收自然科学的相关成果，因而使其具有自然科学的某些特征。教育心理学重视的是教育教学中作为主体的人与人之间交互影响及各种环境（含教育）对人的智能和社会发展的影响，这又带有明显的人文社会科学的色彩。

（三）理论性与应用性并重

教育心理学是一门理论性和应用性并重的学科。作为理论学科看待的教育心理学，研究教育教学情境中主体的心理活动特点及规律，为解决教育教学中的理论问题提供科学依据，在服务于教育和教学实践的过程中，也不断地进行自身的理论研究和建设，提炼出学习、教学的各种理论，并形成了比较完整的学科理论体系；作为应用学科看待的教育心理学，更关注与教育教学有直接关系的问题（如学生的学习心理、教师的教学心理等），以便为解决学校教育教学的实践问题提供具体原则和操作方法。因此，教育心理学既应重视教育中的心理研究，又应重视教育中与人的心理功能发挥有关的应用研究，因而它具有很强的应用性，也有人因此认为它是一门应用学科。所以说，教育心理学既具有理论性，又具有应用性，是一门理论与实践并重的学科。

第二节　教育心理学的发展历史

一、教育心理学的起源

　　教育心理学的历史是心理学与教育相结合并逐渐形成一个独立的心理学分支的历史。教育心理学作为一种思想观点，早就散见于古代一些教育家、哲学家和思想家的著作中。历史上，许多学者都具有一定的心理学观点和理论。我国古代的教育家如孔子、孟子、荀子等，在论述教育问题时都有一些教育心理学方面的观点。世界上最早的教育专著《论语》就提出了许多闪耀着教育心理学思想的教育原则和观点。譬如其中的"强而弗抑，开而弗达"的教学方法，就是强调充分发挥学生的主观能动性，培养学生的思维能力，发展学生的创造性；再如，重视环境与教育对儿童心理发展的作用，指出"性相近，习相远"；强调学习是积极的思维过程，认为"学而不思则罔，思而不学则殆"。后来的王充、朱熹、王夫之等人也提出了许多教育心理学观点，其中不少思想观点即使在现在也具有启发意义。

　　在西方，早期的一些教育家、哲学家和思想家也有许多教育心理学方面的观点。例如，古希腊哲学家亚里士多德的《灵魂论》认为，人类有动物、植物和理性三种灵魂，教育必须实施这三方面，从而为德育、智育和体育的和谐进行提供了教育学、心理学依据。欧洲近代的教育家夸美纽斯、裴斯泰洛齐都重视在教育中运用心理学，把心理学作为教育理论的基础。夸美纽斯指出"人只有通过教育才能成为人"，认为在教育过程中，应该估计到学生的年龄，应该注意到学生的个别差异，应该有目的地去发展儿童的才能，并且他在《大教学论》一书中，提出了许多教育与心理学相结合的原理与原则。瑞士教育家裴斯泰洛齐在他的《论教学方法》一书中，首次提出了使教育心理学化的设想，后来又在《葛笃德怎样教育她的孩子》一书中建立了一套心理学化的教学思想。他还曾经训练过教师，其训练教师的主要方法就是把心理学和教育联系起来。

　　在教育史上，第一个明确提出将心理学作为教育学理论基础的是德国人赫尔巴特。他于1906年出版的《普通教育学》，是最早尝试把心理学与教育相结合的著作。他认为对儿童进行教育的方法必须以心理学为依据，用心理学的观点看待教育中的问题，并提出了教学过程的阶段论。俄罗斯著名教育家乌申斯基于1867年出版的《教育人类学》一书，属于教育心理学的早期著作。

　　一般认为，教育心理学作为一门独立的心理学分支，诞生于19世纪末20世纪初。推动教育心理学成为一门独立学科，除了上面介绍的教育心理学思想为之奠定了必要的基础外，另一个重要原因也是直接原因就是心理学本身的发展和需要。对教育心理学创建做出突出贡献的则是美国著名心理学家桑代克。他在 1903 年出版的《教育心理学》一书中提出了系统的教育心理学思想和完整的学习理论，奠定了西方教育心理学发展的基础，并支配西方教育心理学理论和实践研究长达 50 年。

二、教育心理学的发展过程

（一）美国教育心理学的发展

1. 初创时期（20 世纪 20 年代以前）

在这一时期，人们已认识到运用科学的心理学观点和方法能够解决教育中的问题。但是，理论与研究的积累还不够充分，其内容多以普通心理学原理去解释教育问题，研究方法也不可避免地存在机械主义和简单化倾向。20 世纪 20 年代以前的教育心理学内容主要以桑代克的教育心理学为代表。

桑代克从 1896 年就开始对动物的学习进行实验研究，后来又研究人类的简单学习。他依据自己的研究资料于 1903 年出版了《教育心理学》一书，又于 1913—1914 年扩展为三大卷，提出了系统的教育心理学理论和思想。其内容共分三部分：①人类的本性；②学习心理；③工作、疲劳与个别差异。桑代克的《教育心理学》出版后 30 年间的美国同类著作，几乎都师承桑代克的体系。所以，心理学界一般认为他是一位影响极大的心理学家，是教育心理学的创始人。

2. 发展时期（20 世纪 20 年代至 50 年代末）

这一时期的主要特点是广泛吸取心理学各分支中与教育有关的内容，研究范围不断扩大。从 20 世纪 20 年代起，对动物和人类学习的研究获得了许多重要成果，并形成了各个学派。这些理论及学派之争，对教育心理学的发展起了促进作用。到 20 世纪 40 年代，弗洛伊德的理论引起了人们的注意并广泛流传。儿童的个人与社会适应、动机、人格及心理卫生方面的内容进入教育心理学领域。学习问题一直是教育心理学的核心问题。到 20 世纪 50 年代，程序教学和机器教学兴起，同时信息论的思想为许多心理学家所接受。这些成果也影响和改变了教育心理学的基本体系和内容。

这一时期的教育心理学，随着研究内容的不断扩大，不可避免地在内容和体系上有许多缺陷，主要表现如下：①内容庞杂，涉及范围太广，缺少严格的理论体系；②偏重于研究简单的心理现象，而对人类高级心理研究较少，因此对教育实践作用不大，难以解决实际中的问题。

3. 理论建设时期（20 世纪 60 年代至今）

20 世纪 60 年代以后，是建立系统的教育心理学理论的时期。在这一时期，西方教育心理学的内容和体系又出现了一些新的趋势，集中表现为以下三个方面：

一是内容日趋集中，即突出学与教的领域。教育心理学教科书基本上都是围绕这一基本内容展开的。1994年，J.布鲁纳在美国教育研究年会上，将美国20世纪80年代以来的教育心理学研究内容大致概括为四个方面：第一，主动性研究，研究如何使学生主动参与教与学的过程，并对自身的心理活动进行更多的控制；第二，反思性研究，研究如何促使学生从内部理解所学内容的意义，并对学习进行自我调节；第三，合作性研究，研究如何使学生共享教与学过程中所涉及的人类资源，如何在一定背景下将学生组织起来一起学习，从而使学生把个人的科学思维与同伴合作相结合；第四，社会文化研究，研究社会文化背景是如何影响学习过程与结果的。美国近十年来的研究仍然没有超越这一精辟概括。

二是比较注重为教育实践服务，重视结合教育实践进行研究。尤其是20世纪60年代初期，布鲁纳发起课程改革运动，提出了不同的教学模式，把这种热潮推向了高潮。随着信息科学技术的发展，特别是计算机的普及，计算机辅助教学越来越受到人们的重视。20世纪80年代多媒体计算机的问世，使得计算机辅助教学（CAI）研究达到了一个新的水平。进入20世纪90年代以后，许多研究者致力于探讨在多媒体网络环境下学生学习过程的特点，探讨如何为学生创造有利的学习环境，以促进其知识获得和学习能力的培养等。

三是行为派与认知派的分歧有缩小的趋势。教育心理学两大对立学派——认知派和行为派近年来有一种逐渐接近的趋势，它们似乎都在吸取对方合理的东西，以弥补自身理论的缺陷和不足，使得两大派别对立之争的热潮逐渐消失。

（二）苏联教育心理学的发展

苏联教育心理学是在继承十月革命前俄罗斯心理学家的宝贵遗产的基础上发展起来的。1868年，俄国教育家乌申斯基出版了《人是教育的对象》一书，总结了当时俄国的心理学发展成果，因而被称为"俄罗斯教育心理学的奠基人"。1877年，教育家和心理学家卡普列杰夫出版了被认为是俄国第一部以教育心理学命名的专著——《教育心理学》。

十月革命后，苏联心理学界尝试以马克思列宁主义的基本观点改造心理学，在理论观点的探讨方面做了许多工作。例如，维果茨基主张把教育心理学当作一门独立学科的分支来研究，并且提出了文化发展论和内化论。鲁宾斯坦和布隆斯基也提出了各自的观点。不过，这一时期的研究成果主要集中在学科心理知识掌握方面，创造性应用不够，而且对西方教育心理学理论也存在全盘否定的倾向。

自20世纪50年代以来，苏联教育心理学出现了一些新变化，主要表现在提出了一些学习理论，如加里培林的学习活动理论、达维多夫的教学中概括类型理论等。赞可夫进行的教学与发展实验研究，直接推动了苏联的学制和课程改革。另外，进一步加强了同学校教育工作的联系，重视教育心理学方法论和研究方法的探讨，对西方的教育心理学成果有所吸收等。

20世纪90年代以来，尽管苏联解体，但是一些有影响的心理学理论被继承和发展。特别是维果茨基的观点得到了俄罗斯教育心理学界的重视，其《教育心理学》著作被重新出版，并召开了维果茨基思想国际研讨会。但由于苏联长期把教育心理学和年龄心理学融合为一门学科，因而缺乏一个完整的体系。

（三）我国教育心理学的发展

我国教育心理学的思想起源很早，但由于受到封建统治的长期束缚，近代又受到半封建半殖民地的统治，教育心理学的成果没有得到系统的发展并成为一门学科。教育心理学成为一门学科并得到发展只是近代的事情。

20世纪初期，我国出现了第一本有关教育心理学的著作，即1908年房宗岳翻译的日本小原又一的《教育实用心理学》。1924年，廖世承在南京高等师范学校任教时，编写了我国第一本《教育心理学》。1926年，陆志韦翻译并出版了桑代克的《教育心理学》。此后，潘菽（1935）、陈选善（1938）等都编写了教育心理学教科书。但这些著作多数是翻译并介绍西方的研究成果，研究问题的观点和方法也都追随西方，很少有创建。中华人民共和国成立以后，我国教育心理学界主要是学习和介绍苏联的教育心理学研究成果，同时结合我国当时的教育改革，对入学年龄问题、学科教学改革的心理问题、品德的心理问题等做了一定的研究工作。1962年，我国成立了教育心理学专业委员会，具体领导教育心理学的研究工作。1963年，潘菽主编的《教育心理学》出版。与此同时，全国师范院校开设了教育心理学课程，我国教育心理学出现了初步繁荣的局面。但是从20世纪60年代后期到70年代前期，由于社会大环境的冲击，教育心理学的研究处于中断阶段。

20世纪70年代后期，教育心理学开始复苏并进入了一个新的发展时期。1978年，我国成立了发展心理学和教育心理学等7个专业委员会，负责领导教育心理学的研究工作。一批学者在介绍国外教育心理学成果的同时，结合我国的具体情况进行了深入的研究和探讨，初步形成了一些有特色的理论。例如，沼瑞珍等提出的"知识分类的学习与教学"理论、冯忠良提出的"结构—定向教学"理论等。近年来，关于学习策略、学习动机、学习测评、心理健康教育、品德心理、教师心理等的研究明显增多。这些研究对促进我国教育教学改革发挥了重要的作用。

目前，我国教育心理学尽管已经得到了很大的发展，但由于原有基础比较薄弱，因而与西方国家有很大的差距，如就业队伍小、设备条件差、研究的问题不系统等。尤其是对当前我国所开展的素质教育过程中的基本心理学规律以及促进学生诸素质形成和发展条件等还缺乏基本的研究，甚至缺乏应有的研究敏感性。这恐怕应该引起教育心理学工作者的重视。

三、教育心理学的发展趋势

教育心理学经过一百多年的发展，取得了比较丰富的研究成果。近年来，教育心理学的发展比较迅速，出现出一些新的趋势。

（一）研究方法逐渐走向综合化

从教育心理学的学科特点来看，它兼具自然学科和社会学科、理论学科和应用学科的性质，加之仅有一百多年的短暂历史，因此没有自己独特的研究方法。教育心理学研究中所经常采纳的方法，如观察法、实验法、调查法、个案法等，都是借用其他学科的方法结合本学科的特点稍加改变而形成的。可以预见，今后教育心理学的研究应该把有关学科的方法和教育心理学正在使用的方法融合起来，结合本学科的特点，吸收科技进步所带来的最新成果，从而形成一套真正适合教育心理学研究的综合化方法，以便促进教育心理学的进一步发展。

（二）教育心理学已经存在的分化趋势将持续下去

科学发展的特点之一就是分化。教育心理学是心理学的一个分支，从普通心理学中分化出来。在其发展过程中，学习心理学、咨询心理学、学校心理学又逐渐分化，脱离教育心理学而成为独立的分支学科。现在的教育心理学在其发展过程中，分化的趋势仍在继续：教学心理学正在建构自己的理论体系，阅读心理学、课堂管理、教学评价，甚至问题解决过程的研究都想脱离教育心理学。无论分化的最终结果如何，分化将作为未来教育心理学的一个发展特点而持续存在下去。

（三）研究重心将继续偏离实验室而转向学校的课堂

在教育心理学建立初期，其研究成果主要来自实验室。那时的教育心理学家如桑代克等人的研究重心在实验室中，他们把由实验室得出来的结论再应用到学校情境中去。现在的教育心理学家越来越意识到，他们应该从实验室里走出来，到学校的课堂中去研究教与学的现实问题，这种趋势将成为未来教育心理学发展的又一个特点。

（四）教育心理学的研究重心从实验室走向学校，但教育心理学家将不会把自己局限在学校的狭小范围内，他们将从学校走向社会

现在的教育观念已经产生了根本的变化，教育不仅仅是学校的事情，也是社会和其他机构的责任。学生走出学校后，还需要继续教育，甚至需要终身教育。无论受教育者多大年龄，他们还是受教育者；无论是工厂还是军队，都需要对其成员进行教育。而有教育的存在，就有心理问题的存在。所以，教育心理学的研究不能局限于学校，而应该走向社会的机关、团体、工厂、农村，去研究成人的学习和成人教育中的心理

学问题。这也给教育心理学家提供了广阔的用武之地，未来的教育心理学将向这个方向发展。

（五）未来的教育心理学将与社会心理学相结合

在传统的教育心理学研究中，心理学家所重视的是个体心理方面的知识，他们对个体学习过程的特点和机制进行了最大限度的研究，但是影响个体学习过程的社会结构方面的因素却在很大程度上被忽视了。近年来，随着社会心理学的发展，教育心理学家日益感到了解教育与教学过程中社会心理因素影响的重要意义。他们发现，学生的行为并不存在于社会的真空中，而是受到多种社会因素的影响，只有把学生的行为放到集体与社会这个大的背景下才能真正理解。而且，任何学习的发生都不是在白板上进行的，是在文化背景上建构产生的。在这一思想的指导下，教育心理学家把他们的研究同社会心理学结合起来，研究学生的交往模式、班级人际关系、学校的社会组织对学生行为的影响、学习动机的社会性质等问题。这些研究已经导致教育社会心理学的产生。可以预见，随着教育心理学家走出实验室而迈向社会，教育心理学将同社会心理学联系得更密切。

（六）未来教育心理学的发展将继续呈现多头的、零散的趋势

早期教育心理学的发展受到个别代表人物理论的支配。那时教育心理学的发展被领袖人物所左右，教科书的内容也往往只是反映个别代表人物的观点。近年来，这种现象已经得到改变，尽管出现了像奥苏伯尔、加涅、威特罗克这样的著名人物，但是那种由一种或几种理论支配教育心理学的时代一去不复返了。这些著名人物的影响尽管非常广泛，但是不能支配教育心理学的发展，也不能垄断教育心理学教科书的内容。未来教育心理学将持续呈现这一特点，呈现多头并进的趋势，理论整合的局面将很难出现。此外，教育心理学还存在许多研究趋势。例如，日趋重视教育教学实践中的各种心理问题，重视个别差异问题，注重社会历史文化因素对人类发展的影响，等等。

第三节　教育心理学的研究方法

同其他科学研究一样，从事教育心理学研究必须依据明确的理论观点，也就是要有与所研究的课题相适应的理论做基础，并且针对所研究的问题，按照一定的研究程序，采用合适的方法，才能揭示教育过程中的心理现象的事实，发现心理活动的规律，并对个体心理和行为进行有效的预测和控制。教育心理学是心理学的一个分支，心理学研究方法同样适用于教育心理学。

一、观察法

观察法是在日常生活条件下，通过对被观察者的外部行为表现做系统观察，从而了解其心理和行为的一种方法。人的各种活动，如学习、劳动、交往、游戏等，都是在心理的调节、支配下实现的。这就使通过对人的行为动作、言谈举止的观察从而了解其心理活动和特点成为可能。例如，有这样一个实验：为了研究儿童的行为特点，一天晚上，实验者在 40 名保育院的孩子住房附近堆放了一堆湿柴，而在远处山沟里堆放了许多干柴，要求孩子们拾回干柴取暖。结果少数孩子跑到山沟里拾回干柴，而多数孩子不敢走远，只把附近的湿柴抱了回来，还有一些孩子对布置的任务有抵触情绪，继续留在房间里说些抱怨的话。从这些行为表现中可以发现，他们中间有的人勇敢，有的人胆怯、动摇，甚至怨天尤人。

在使用观察法过程中，首先要建立行为的分类系统和等级，并且界定记录方法。例如，要比较研究参与街头团伙的青少年与在校青少年学生的攻击性行为，首先需要对"攻击性行为"加以界定，并把它们分为"言语攻击"和"行为攻击"，而"言语攻击"又可以分为"讽刺、挖苦""骂人"等，"行为攻击"又分为"恶意推人""打人"等；然后根据"攻击行为"的频次和程度，也就是严重性定出等级；最后在此基础上进行观察研究，才能够比较客观地反映出攻击性行为与青少年所处环境之间的关系。

二、调查法

调查法是以提问题的方式要求被调查者就某个或某些问题谈自己的看法。根据研究的需要，既可以向被调查者本人做调查，也可以向熟悉被调查者的人做调查；可以用问卷调查，也可以以交谈的方式进行访谈。

问卷调查法是研究者根据研究课题的需要，设计出问题表格让被调查者填写回答的一种方法。问卷的具体形式分两种：一种是固定性结果，只要求被调查者从中选择；另一种是开放性结果，要求被调查者自由书写或填空。比如，要调查学生的学习兴趣和原因时，可以编写这样的问题：①你最喜欢哪几门课程？为什么最喜欢它们？②你最不喜欢学习哪几门课程？为什么最不喜欢学习它们？要求学生书面回答这些问题，属于开放式问卷。若事先在每个问题的下面给出多种答案，只要求被调查者从中选择，属于固定性结果的问卷形式。

使用问卷法做调查研究时，要针对研究的课题设计好问卷，提出的问题要简单明确，适合被调查对象的特点，易于作答。要注意消除被试的各种顾虑，使其说出真实的想法。

访谈法也称口头调查。这种方法是研究者根据事前拟好的问题对被试进行面对面的提问，随时记录被试的回答和反应。调查者必须创造良好的访谈气氛，使被试心情愉快，知无不言，这样才可能获得良好的调查效果。

三、实验法

实验法是在控制条件情况下系统地操纵某种变量的变化，研究此种变量的变化对其他变量所产生的影响。因此，实验法能够回答"心理现象为什么产生"的问题。

心理实验的研究方案要根据研究课题的实际需要来设计，通常有两种形式：一种是 $R=f(S)$，在这里刺激（S）是自变量，反应（R）是因变量。该公式表示被试的行为反应因刺激的改变而改变，可以用来探索刺激与行为反应之间的规律性联系。例如，在记忆材料的性质对学生记忆效果的影响的实验研究中，"记忆材料的性质"是自变量，"记忆效果"是因变量。另一种是 $R=f(O)$，在这里机体变量（O）是自变量，被试反应（R）是因变量。该公式表示反应变量是机体变量的函数。例如，在正常条件下，随着婴儿年龄（O）的增长，其动作发展水平（R）越来越高。当然，还有研究多种因素交互作用的更复杂的研究设计方案。

用实验法研究心理学问题时，常常要设立实验组和对照组。实验组和对照组的被试的机体变量，如年龄、性别、智力水平、文化程度、健康状况等，大致相同，情境的控制也需要一样。主试按照实验方案系统地变化实验组中的自变量，对照组是做比较用的，不做实验处理。主试要仔细观察并详细、客观地记录实验组和对照组的被试的行为反应，统计分析被试在反应变量上的差异，从而探明自变量和因变量之间的关系。

实验法分为实验室实验法和自然实验法。

（一）实验室实验法

实验室实验法通常是在实验室内借助各种仪器并且在严格控制外界条件下而进行的一种实验研究方法。在设备完善的心理实验室研究心理现象过程中，采用录音、录像、电影、电子计算机等各种现代化手段呈现刺激，记录被试的反应等，并且能够自动控制，因而对心理现象产生的条件、大脑的生理变化、被试的外部表现等方面的记录与分析都是相当精确的。

实验室实验法的主要优点是对无关变量做了严格控制，对自变量和因变量做了客观测定，因而实验的精确度高。其主要缺点是研究情境的人为化，与日常生活有较大的差距；同时，实验的结果也常常受到被试的情绪及态度的影响，因此，实验结果的推广受到一定限制。

（二）自然实验法

自然实验法是在日常生活情况下，适当控制条件并结合经常性业务工作进行的心理实验方法。例如，为了研究睡眠尤其是慢波睡眠对记忆的作用，EkStrand 等（1977）把被试分为三组进行实验：第一组被试在晚上学习，经过 8 小时不睡眠的间隔时间后接受测验；第二组被试先睡半夜，然后起来学习，在测验之前再睡 4 小时；第三组被试，先学联想词汇再睡 4 小时，醒来后接受测验。结果发现第二组的成绩最好。研究者认为，更多的慢波睡眠（分段睡眠能够提高慢波睡眠在整个睡眠过程中的比例）对记忆有帮助。使用自然实验法要先明确研究的课题，对研究的途径、进程要有一定的设想，并应逐步分析各种制约的条件，做出详细完整的记录，仔细分析、比较不同条件的不同结果，在做出结论后，还必须反复验证。同观察法相比，实验法（包括实验室实验法和自然实验法）的主要特点是主动创造以及严格控制条件，因而实验结果在同样的条件下可以重复，也可以被别人验证。科学知识只有按照同样的程序能被别人重复验证，才能得到认可。所以，现代科学心理学的主要研究方法是实验法。

四、测验法

测验法是运用标准化心理量表对被试进行测量，从而了解其心理特点的方法。科学心理学的特征之一就是对心理现象研究的数量化。

心理测验的种类很多，按照测验内容的不同，可以分为智力测验、特殊能力测验（性向测验）、人格测验、兴趣测验、态度测验、学业成就测验等。按照测验材料的不同，心理测验可以分为文字测验和非文字测验。前者通常采用填空、选择、判断是非、问答等文字材料的测验题，要求被试口头作答或者在特制的问卷表中用文字作答，也可以在计算机上回答；后者主要采用图形、迷津、符号、模型甚至工具等实物性材料的测验题，要求被试使用操作性形式作答，或者根据这些实物性材料把自己的感受和想象报告出来。心理测验所使用的工具是事先以某种心理学理论为指导，根据大量的取样调查，经过标准化测试和统计分析等程序编成的心理量表。心理量表是测量人的某种心理特质的一把尺子。

为使心理测验获得准确可靠的结果，从事心理测验的人必须懂得心理测验的基本原理、心理量表的编制过程和使用方法，必须按照研究的内容和目的的需要选用合适的心理量表；同时必须按照测验说明书中的规定严格实施测验，统计测验分数，并向被测者科学地解释测验结果。

心理测验在心理诊断、心理咨询、心理治疗及职业选择等方面已获得了广泛的应用。由于科学的心理测验产生时间不长，特别是心理学的基本理论尚未成熟，心理现象又是动态的，因此，用心理量表测量人的心理现象远没有物理测量那样准确。而且，目前使用心理测验所获得的只是心理活动的结果，被试达到这一结果的心理活动过程还无法测量出来。因此，心理测验还有其局限性。

第二章　现代心理学的教育观

第一节　对学校教育现象的心理学认识

一、教育与学校教育

教育是培养人的一种社会现象。教育既然是培养人，就必须从促使受教育者个体心理的发展入手。因而，教育在确定目标、组织、内容和方法方面都要依赖心理学。教育者应该具有心理学的思想观点，应该掌握心理学的知识和技术。人是教育的着眼点，也是心理学的主题。心理学必然成为教育研究的基础，教育心理学专业人员应是教育研究人员的核心。当前的问题是，不能满足于让教师被动地接受和采用心理学的思想和技术；教师应该直接战斗在前沿，也成为研究的主体。

广义的教育指有系统地影响人的心理发展的一切方面。传统的教育观认为教育只是青少年和儿童的事，只与教育机构有关。现代的教育观认为教育应该包括人从出生到死亡的整个一生；参与者不只是学校，而且包括社会各个方面。传统的教育观认为教育就是传授知识经验和技能，现代教育观认为教育所达到的应包括态度、行为方式、信念、价值体系、技能和知识经验等各个方面。

学校教育特指在课堂情境中主要通过上课完成的教育。传统的教育观认为学校是教育的唯一基础。现代教育观认为学校是为适应社会发展所要求的个人社会化而建立的专门系统组织；其功能既是学校教育的，也是社会的。

从人的角度出发，可以把学校看作是人们相互作用的一个团体。家长、教师、校长和教育行政领导及学生，都在个人和团体的基础上相互作用。这种相互作用既反映出个人兴趣、动机态度、才能和性格，也映射出所属团体的社会心理特点。

换句话说，学校教育中的人际交往，每个人是一个个体，并且在个体水平上与他人相处和交往；同时，每个人又是许多团体的成员，扮演着不同的社会角色，他的行为和思想方式的某些特点来源于所属团体，并为这些团体的成员所支持。显然，不从上述心理学方面分析，就不可能真正理解学校教育。

二、学校教育对学生个体发展的影响

从心理学立场看，学校教育过程的核心或实质就是要塑造或改变学生个体的经验组织或认知结构。所以，学校教育实质上是学生自己去领会、巩固、学习的过程；也是教师帮助学生形成自己具有独立地选择和决断问题的认识及行为能力的过程。具体说来，学校教育对学生个体发展的影响主要表现在以下两个方面：

（一）影响学生个体的社会化

所谓个体社会化是指个人逐渐接受一定社会或群体所要求的知识经验、行为规范、价值观体系以及适应社会的能力的过程。简言之，也就是使人从生物人变成社会人的过程。康德说过："人只有通过教育才能成为人。"他所指的前一个人即指社会化以前的生物的人，而后一个人才是经过社会化的社会的人。显然，学校就是促使学生个体社会化的专门机构，其功能之一就是要促使学生个体社会化。当然，这一过程也有成败的两种可能。也就是说，其方向有可能偏离正常和健康的轨道，从而使学生个体的社会化过程延缓、滞后或出现失误。

（二）影响学生个体心理的发展

归根结底，学校教育总是要通过塑造或改变每一个学生的心理和行为服务于社会和个人。作为学校教育工作者，一定要十分清楚地意识到这一点。如果不明确这一点，不把功夫下在如何促进每一个具体的学生的发展变化上，只注重某种形式，就是失职。学校教育对学生个体心理发展的影响应该是积极的；但必须指出，这不是绝对的，做得不好，学校教育的某些方面也可能妨碍或延迟学生心理的正常发展。可以说，改造社会和个人都要利用和改造学校教育。教育心理学既要关心学校怎样推动学生个体的发展，也要关心怎样避免妨碍学生个体心理的健康发展。所以，它面临着利用和改造现有学校教育的双重任务。

作为一个现代教师，还应明确，人的发展是终身的，不可能"一时受教，终身够用"。现代社会，个人所处环境和个人本身的变化都很快。一定的教育阶段完成，绝不意味着个人发展的停止，但一个人永远在学校接受教育是不可能的。由此，现代教育表现出两种最基本的发展趋势：第一，改变现有教育体制，形成终身教育的制度，使一个人不但能通过学校学习，还能通过种种校外的社会机构学习，使社会变成学习化社会。第二，学校教育的任务必须转变，即从主要传授已有的知识经验转变为主要培养学生形成能独立地、积极地进行学习的"自我教育"能力，也就是使学生"学会学习"。因为，已有的知识传授只能应对过去，至多能面对现实，很难面向未来。显然，"学会学习"是现代人个体发展的关键，"学会学习"就是"学会生存"。

所以，学生个人心理的发展目标，既不是让他记得多少，也不是要他去固定地适应一种特定的环境，而是要使其成为一个"完整的人"，能在现在和未来适应他人，适应变化着的生活、学习和工作环境。学校教育的主要价值就在于此，如果只简单地从个人、家庭、学校和社会现实的功利目标考虑，把学生的某种知识、能力和态度当作一种不变的产品来生产，就可能像工厂追求效率、商店追求利润一样，把学校当成死记硬背大量片面的知识，形成大量呆板的技能的场所；就可能会用一些与学校教育主要价值和学习过程无关的重复教育与过度练习和考试，去代替那些本来会促使具有无限发展可能性的学生心理发展的有效教育过程，于是学生很容易失去学习兴趣和动机。学校表面上高效地完成了工作任务，达到了一些指标，但并未真实地促进学生心理的健康发展。

三、教学与课

（一）什么是教学

从心理学角度，可把教学看作是企求诱导学习的一种活动系统或工作制度。教学当然包括教与学双方，但确切地说，称其为学教更为贴切。因为如前所述，不论从时间、性质的顺序，研究的序列，还是从存在的理由，都可确认：学前教后，教为了学，知学才知教。树立科学的教学观或学教观，是当前教学改革的重要前提。现代学校的教学是科学，也是艺术。说它是科学，是指要用科学的态度和方法去探讨和确定它的组织、实施与步骤；可以总结规律，推广应用，以提高效率；它要用一切有关人和事物的知识，以求改进并且创新。说它是艺术，是指它要求教学活动的组织者根据教学情境的变化和多样性，去发挥个人的特点、才能和技巧。

（二）什么是课

课是教学的一个基本单位，指在一定的时间内，教师和学生相互作用达到教学目的。它包括三个要素，即一段时间、教师和学生及师生相互作用。

课堂情境是学校特殊性的体现。创设适合学生学习的课堂情境是教师教学的主要任务。分析影响课堂情境的因素，利用、改变和控制它们，是教育心理学研究内容的重要方面，也是教师技能技巧的主要方面。当前学校教育改革的重点和难点，最终突破的地方都应在改造课堂教学模式，提高教学效率。教育心理学必须也可以为此做出贡献。

从过程开展分析，课主要由以下三部分组成：

（1）内容输入：输入根据课的目标、预先计划好了的知识和情感表现。当然，其复杂性使它不像投一枚硬币让自动售票机运转那样简单。

（2）师生及学生之间的相互作用：这种相互作用将决定下面经验输出的性质；在多数情况下，还会决定源源不断输入的性质。

（3）经验输出：学生在知识、情感及行为方面的最终或即时表现。它们通常以作业、测验和口头表达的方式体现。

（三）有效教学的指标

以下指标虽然不完全属于操作或纯理论的范畴，但的确可以为我们提供一个基本的结构，以为教学的现实和理解本书后面内容所用：

（1）清楚而明确地组织教材。

（2）清晰地阐述学习目标。

（3）有目的地选择和安排适当的学习活动。

（4）学生从事创建性的活动。

（5）师生均有方向感。

（6）有令人愉快的气氛。

（7）有对工作的严肃认真感。

（8）同学之间和师生之间相互尊重。

（9）个别学生得到照顾。

四、弊端及改革

从心理学观点分析，当前学校教育可能存在以下弊端：

学校教育和教学的目标组织、内容及方法脱离学生心理实际，相应地也与社会现实脱节；过分的成人化、制度化和标准化；对学生的不少要求是形式主义的、虚假的乃至错误的。

学校教育和教学活动的某些方面不利于学生个性的健康正常发展，对学生各方面发展的潜在可能性尤为忽视，不利于学校教育功能的积极正常发挥。

学校教育现有体制使一些学生只是为考试、文凭和地位而学习，学生缺乏对学习本身内在的热情和动机。

一些学校气氛沉闷，使学生心里感到压抑。为消除这些可能存在的弊端，应从整体上进行全面的教育和教学改革。这是不可避免的，但应该也可能避免过于激烈的过渡。广大学校教育工作者应当树立起合乎学生心理发展实际和需要、合乎社会现实和变化需要的科学的学校教育观和教学观，树立起革新的、先进的人才观、方法观、考试观、学生观和教师观。教育心理学在这些方面肩负着重要的任务。

第二节　学生和教师

一、学生及群体心理特征

（一）学生及其学生群体

学生是学与教活动的主体。学校所做的一切归根结底都是为了改变和发展学生的心理与行为。学校管理和学与教活动应以科学的学生观为基础，教育心理学也应以对学生的正确认识为基础。

学生有其个性心理特征，还因其所处年龄段而有年龄心理的特征。掌握和研究这些特征是学校教育的出发点，引导学生正常发展是学与教活动的归宿。儿童心理学就是以这些特征为主要研究对象，研究学与教活动的规律也要利用这方面的理论和成果。

学生可以分属于不同的群体之中，教师除了掌握学生个体和年龄心理特征之外，还必须掌握群体中学生的心理特征。更确切地说，我们在这里所研究的是处于学校班级及课堂情境中学生的群体心理。

众所周知，学生群体对其成员的言行思想有很大影响。特别在给予情感支持、鼓励成员坚持自己的意见、分享成功的喜悦、相互影响日常生活的行为方式、通过相互或群体的评价形成自我意识、影响对学生成就的期望，以及学习处理人际关系等方面，学生群体有很重要的作用。当然，学生群体对其成员的影响并非全都是遂人所愿，尤其不一定合乎教师或长辈的需要。例如，某学生群体可能要求"入伙"的成员"表演"其恶作剧的技巧，以显示其具备"勇敢""服从"与"机警"的加入资格。所以，教师应努力争取于无形中诱导学生群体，以使其产生积极的作用，从而在自动自发的学生群体活动中，利用其影响力，增进学生积极学习活动的开展，并取得更大的成就。

学生群体根据其组成方式及性质，一般可分为两大类：

1. 正式的学生群体

正式的学生群体即根据上级正式文件或学校内部正式规定而建立的各种学生群体组织。如班级、学生会、学习小组、团队组织、学生宿舍的寝室等等。

正式的学生群体应有共同的目标和行为规范，有集体的活动、共同的感受和一定的组织方式，因此也可称之为学生集体。最为重要的学生集体是班集体。班集体是形成学生集体意识的直接源泉，是对学生进行道德教育的主要途径，是促进学生社会成熟的主要场所，也是发展学生个性的重要条件。班集体一经形成，就形成了一种情境和气氛，无时无刻不在有形无形地影响、熏陶着学生，起着潜移默化的作用。这就是好的班风、校风对学生思想行为产生很大影响的原因。集体对改造人可以发挥其特殊作用。班集体对学生错误行为的矫正，有时比家长、教师个人工作的效果要好得多。总之，班集体对每个学生心灵的影响是深刻的，是个别教育的方式所不能取代的。

同其他集体形式相比，学生班集体具有育人的目的性、组织的指令性、成员发展的相近性、活动的整体性与独立性结合、伙伴关系的平等性和教师的影响性等特征。

根据班集体的性质，可将其分为以下类型：

团结的班集体：形成了集体核心，班集体对成员有吸引力，成员对班集体具有向心力，有较强的集体荣誉感与正确舆论，能发挥班集体的各项功能，用不着班主任去指挥一切，班集体能自己管理自己、自己教育自己。

散聚的班集体：班主任主要依靠少数几个干部维持班上工作，多数学生对班集体的支持仅属一般，集体对学生缺乏吸引力，尚未形成良好班风，因而班集体的功能不能有效发挥，班集体主要靠班主任的作用维持。

离散的班集体：没有班集体核心，没有正确舆论与集体荣誉感，成员不支持、不关心集体，班级松散、不团结，不能正常发挥班集体功能，班主任要么依靠强力维持，要么"白辛苦"甚至只能表面应付，实际放任自流。

一个优秀学生班集体的形成，一般要经过如下过程：组建阶段：学生初进学校，同学们尽管形式上同属一个班级，实际上都是一个个孤立的个体。班集体靠教师组织指挥，靠行政手段组织班级。班集体的目的任务都来自教师个体自身要求。

形核阶段：同学之间开始相互了解，在班主任的引导培养下，涌现出了一批积极分子，班集体有了核心人物，开始协助班主任开展各项工作。但是，班级离不开班主任的组织指挥，正确的舆论与良好班风尚未形成。

形成阶段：核心形成，开始进行民主管理。学生能自己管理自己，班集体有了共同目标，正确舆论开始形成，成员集体荣誉感增强，班集体作为一个整体，已能对成员提出要求，发挥班集体的积极功能。但是，班集体还需要外部的帮助和监督。

发展阶段：班集体已成为教育主体。不仅学生干部，多数学生也能互相严格要求。教育要求已转化为集体成员的自觉需要，无须外在监督，已能自己管理和教育自己。同学之间团结友爱，形成强有力的舆论与良好的班风。勤奋学习，各项活动表现良好。

在课堂教学活动中，教师无疑要利用班集体的巨大作用来推动学生学习的进行，然而，也要注意掌握各类学生影响教学效率的特征。

根据古德与柏桑裴的研究，影响课堂教学效率最为重要的学生特征是：学生的一般才能与发展潜力，学生所处身心发展的阶段，学生的阅读能力，学生的人格适应能力与学生的学习模式与习惯。对于这些特征，教师都应力求掌握。

教师怎样才能在课堂教学中利用班集体的作用去提高教学效率呢？人们对此做了大量研究。美国心理学家史莫克建议，教师应在下列各方面指导与运用班集体：

第一，利用教师对班级的期望，使学生加强对自己与对班级的期望；

第二，利用教师的引导作用，培养学生的自我管理和教育能力；

第三，利用教师对学生的接纳与爱护，促进学生之间的友爱与团结；

第四，利用教师对学生的期望效应，发展与修正学生的共同行为标准；

第五，利用师生之间的相互交流，增强学生间彼此沟通的能力；

第六，利用师生和班级共同奋斗的目标，加强学生间相互合作、团结一致的精神。

教师若能使学生班集体以增进学习效率、提高学业成就为主要目标，学生就能在班集体的有力影响下，遵循共同的学习行为标准或习惯，团结互助，以展示集体力量为个人的荣耀，教学效率当然容易提高。但是，教师不能以学生集体为不合理的工具，例如迫使某学生就范或盲从等，否则学生集体可能丧失应有的积极功能，甚至会出现教师和学生班级对立的情况，其后果不堪设想。

2. 非正式的学生群体

非正式的学生群体即没有正式规定建立，也无须任何人批准同意，由有关学生自愿组合而成的学生群体。他们往往因为父母工作单位、住家、性别、个性等组合而成，由 2～7 人组成，如班级中的"团伙"等。非正式群体可能与正式群体的目标一致，也可能不一致，正确对待和处理学生的非正式群体问题是学与教的过程顺利进行的重要条件。

经验表明，学校和班级正式的学生组织并不总是起支配作用。在一个学校或班级的正式组织之中，往往存在非正式的学生组织。这些组织有赖于成员的个人特点以及团体对个人的评价。在学校里和课堂上，人们见惯不惊的是非正式的学生领导可能替代正式的学生领导起作用；或在某些条件下，与正式领导争夺对学生的影响和领导。学生在群体内的交往也许更多地通过非"官方"的渠道，非正式的权威甚至可以代替正式的权威。

非正式学生群体和正式学生群体对其成员的要求有时并不一致。正式的学生群体可以代表整个学校或班级内的所有学生，而非正式的学生群体常常排斥某些个人。这些被排斥者从非正式群体的角度来看，是一些"社会上的孤立者"。虽然这些孤立者作为正式组织的成员，作为班级的正式成员而发挥其个人作用，但他们被排斥于自发组织的非正式学生群体之外，这一点对于多数青少年学生来说，在心理上是非常难以接受的，对学习过程的影响之大，往往超过教师和成人的想象。

研究证实，学生的许多有重要教育意义的态度，其形成的根源在这些非正式的小团体之中，在青少年时期尤其如此。在青少年时期，一个人的同伴的赞许和欢迎有时是强大的动力。同伴小团体的赞成与否的压力往往超过教师和父母的影响。"这些小团体的压力决定了青少年的服装、言语和仪表，也决定了如何适当地使用时间的方法，以及对待学校的领导、教师、家庭作业、法律及执行法律的机构的恰当态度。"同伴的赞许对青少年学生如此重要，以致他们有时不惜牺牲一切去赢得和保持它。课堂上影响学与教活动的决定因素存在于环境、课堂的社会气氛和学生个人的品质。这些因素不断相互作用，但有时课堂的环境和气氛会占优势，而造成课堂气氛的创造者有时就是学生中的非正式群体。例如，有人通过对课堂考试作弊的研究发现，作弊主要不是学生个人的特点，而是课堂的风气，是学生对师生关系的看法，是作弊者之间沆瀣一气的问题。

怎样组织和利用正式学生群体的研究较多，教师也比较熟悉；了解和处理非正式学生群体则更为困难。这里，我们着重分析这方面的问题。

（1）非正式学生群体形成的主要影响因素。以下因素可能单独或联合成为学生非正式群体形成的理由。空间因素：包括住家的邻近、课堂上座位的位置等，都有可能使有关的学生形成非正式群体。类似性因素：年龄、性别，特别是个性一致的学生更可能结合在一起。需要的互补性：学生双方的需要及对方的期望构成互补关系时，较易组织在一起。如一个好强争胜的学生和另一个个性软弱、"让得人"的学生在一起很可能感到更自在。仪表：穿着、风度等因素影响学生之间的相互吸引，尤其是最初的相互吸引。

（2）非正式学生群体的类型。根据非正式学生群体的性质，可分为以下几种：正面型非正式群体：与正式学生群体的目标一致，如外人不知道的学习兴趣小组、自学小组等。消极型非正式群体：其活动往往影响学与教活动的正常开展，但并未超出法律允许的范围。

中间型非正式群体：介于上述两种类型之间，没有明显的积极或消极作用。例如，经常在一起游玩、娱乐的学生小团伙等。破坏型非正式群体：也叫"团伙"，往往有严重违反学校纪律甚至违法犯罪行为。

（3）非正式学生群体的特点。群体内部的一致性：非正式学生群体对其成员往往形成一种有形无形的压力。这种压力促使其成员行动一致，并促使其成员遵守本群体的成文或不成文的惯例和常规（如一致地不和某同学往来等），其效果往往超过正式学生群体。

情感依赖性：非正式学生群体对其成员常给予批评和鼓励，成员之间感情约束较紧，怕被"孤立"。这种情感上互相提供支持所产生的凝聚力和其他效果也可能超过正式学生群体。

（二）怎样看待和处理学生非正式群体

学生中出现非正式群体是正常的，无须大惊小怪，但也不要掉以轻心。对于这些小群体，我们以往的认识有片面性，处理方式显得简单和偏激。实践证明，对于学生小群体"拆"往往拆不开，偏激的做法常常适得其反。正确的态度应该是承认它、了解它、研究它、因势利导、正确处理，引导发挥其积极作用，限制和消除其消极作用，避免出现破坏性的不良后果。具体而论，以下各条原则可供参考：

第一，利用非正式学生群体的特点增强正式学生群体的素质。一般而言，发挥学生伙伴群的积极作用有助于班集体的建设。小群体的一致性、情感依赖性和突出的领导人物均可为正式的班集体所用，并弥补班集体在这些方面的不足。作为教师，应设法满足学生的心理需要，促进同学之间相互关心、相互帮助。研究表明，满足班级成员的安全需要、交往需要和成就需要，有助于学生情绪稳定和气氛和谐。教师还应设法促进班级内信息沟通和情感交流；利用各种伙伴群，开展丰富多彩的课外活动与校外活动；还应注意帮助个别学生解决正式学生集体一时难以解决的困难。

第二，精心做好消极的非正式群体成员的工作，特别是做好其"领袖"人物的工作，以限制其消极作用：争取转化为发挥积极作用。显而易见，对消极的小群体，如不正确引导，就会产生消极作用，如闹不团结，与教师和班集体对立，破坏纪律，散布流言蜚语等，影响班集体建设。但是，在限制其消极作用时不能简单粗暴：要坚持疏导方针，消除疑虑恐惧心理；要主动与小群体成员接触，联络感情；要抓苗头，防患于未然；特别在做"领袖"人物工作时要实事求是和细致，用传统"杀鸡儆猴""棒打鸳鸯散"的方法，以及采用全面退守甚至"收买"的方法，都可能造成负面后果，应特别谨慎。此外，正确对待差生的伙伴群尤为重要，当差生还未形成小群体时，转化工作要容易一些。如果几个差生结成一伙，"趣味相投"、相互袒护、互为援引、互相参照，就会产生伙伴的"社会支持效应"，教师和班集体的影响便难以渗透进去，从而增加转化差生的难度。

第三，对于破坏型的学生中的"团伙"，要坚决予以拆散，不能允许存在，当然，对此也要讲方式方法。当前，有的学校和教师为避免出现团伙问题，采取了一些不得已的方法，如禁止学生"串班""串校"，禁止学生使用家庭电话频繁联络，禁止在节假日和以前的同学交往等，都有一些弊端。应该进一步从解决学生深层次的问题，如满足其交往需要等方面入手，才能"釜底抽薪"，真正收到实效。

二、教师心理

（一）教师角色

虽然学生是学与教活动的主体，但这并不意味着教师不重要。教师能在很大程度上影响甚至主导学生的学习。教师不仅通过指示、计划、解释、引导、控制、奖惩、帮助和扶持协助学生的学习，使其顺利达到目的，而且教师还作为学生学习的榜样。教师是一面镜子，通过测试、评价、诊断学生学习的正确与错误，对学生的学习提供反馈。要完成上述教师的任务，对教师有较高和较为全面的品质和能力的要求。

一个教师要把握住整个教学，首先必须把握自己，然后才可能把握学生和课堂情境。所以，作为教师，了解和研究自己所扮演的角色很重要。一个教师在教室里所要了解的第一件事是了解他自己和他周围环境的心理因素与力量。

当我们对学生心理的复杂性感到惊讶时，不要忘记了教师的心理同样复杂，而且不要忘记教师需要了解自己的行为正如像他们需要了解学生那样。在课堂上所进行的一切都可以认为是学生与教师之间、学生个人与班集体之间相互作用的过程。深入了解学生实质上也是为了掌握人的心理。所以，从这个侧面看，教师洞察和了解学生实质上也是洞察和了解自己的一部分。当然，教师最接近和最熟悉的人就是自己，应该提倡教师通过剖析和认识自身来提高对整个学与教过程的认识和掌握水平。

角色是社会生活中所经常进行的那些典型的行为的概括。教师的角色使教师这个职业有别于其他，并使其带有专业性。教师扮演着许多角色。这些角色相互关联，但也可能相互矛盾。通过比较详尽的分析，一个教师可能间断或同时扮演着以下角色：

1. 教员

这是教师的中心角色。指教师是发动、指导和评定学生学习的人，是课堂心理气氛的制造者和学与教过程中问题的提出者。

2. 学生模仿的榜样

教师不仅在学习知识经验方面，而且在行为方式、价值观和为人处世的态度等方面，都是学生模仿的榜样。教师是传递知识以及这些知识的价值的社会代表。作为一个成年人社会的代表，一个父母代表和长辈代表的角色，他理所当然地是一个广泛的行为与态度的学习榜样。作为教师，有时他是有意识地、自觉地发挥着榜样作用。为此，他自觉地约束、规范和修正自己；但在多数时间，他却是不自觉地、无意识地作为榜样，而并没有去刻意修饰和提高自己。所以，只靠有形的监督和约束不足以使教师作为典范，只有提高教师整个身心发展的水平，才会"自然而然"地激发和感染学生。换句话说，一个教师达到了怎样的修养水平他就会是怎样，很难人为刻意地为做榜样而经常地变化自己。教师榜样的力量是无穷的，而且在教学过程中这种榜样作用往往起着"启动"或发动学习的起始作用。它还会产生滚雪球式的连锁反应。例如，教师在教学过程中表现出来的探索精神和热情必定会感染部分优秀的、较为敏感的学生，而这些学生又会成为其他同学的榜样；反之，如果教师表现出明显的厌烦与抵触情绪，那么课堂上多半会弥漫一种失望和冷漠的气氛，很少有学生会专心致志地学习。

3. 课堂的管理者

有人称之为"课堂警察"，就是指教师负有维持课堂教学秩序和教学纪律的责任。

4. 办事员

教师承担着大量的教学事务工作，他们要批改、评定、登记学生考试的成绩，拟定和分发各种通知，整理学生成绩档案和办理入学、升学需要的事务等等。

5. 团队活动领导者

教师多多少少会兼任这方面的一些工作，如少先队辅导员、第二课堂的活动指导者等等。

6. 公共关系人员

教师要同家长打交道，必要时还要与社会各方面交流，特别是在开展参观考察、实习见习等教学活动的时候。

7. 学者与学习者

在学生眼中，教师是学者。他要解答学生提出的各种日常的和专业的问题；虽然他们不可能总是做到正确地、完善地解决或回答这些问题，但是不允许逃避。教师要了解熟悉本学科领域发展概况，要不断钻研和掌握教学理论和教学方法，因此要经常研究和学习。

8. 社会心理工作者和临床心理学家

教师要用正确的技巧处理教育教学过程中的人际关系，要了解学生个人和群体的特点，要帮助学生解决思想问题，减轻学生的紧张和焦虑，进行心理卫生的指导。

9. 父母

教师在一定程度上是学生父母的代表和化身，他们被要求像父母一样关心和爱护学生，随时随地为学生提供积极的、源源不断的情感支持。

10. 权威人物

毫无疑问，多数教师并不认为自己是有权力的人，但同样毫无疑问，教师是有权力而且经常使用权力的人。这种权力表现在领导、控制、决断、奖惩和限制课堂中学生的行为等方面，为维持正常教学所必需。教师的威信在学校内、课堂上，并不亚于其他种类的威信，其影响力之大，使我们必须加以足够重视和利用。

当提到这样繁多的职责，以及这些职责所涉及的众多方面，很容易给人教师职业过分困难和复杂的印象；人们还可能说正确扮演这些角色的要求实际上就是要使教师成为"圣人"或"完人"。不要怀疑你的判断力，现代社会的现实中教师的确正在扮演这些角色；社会发展的确要求教师角色的完善化，现代教师职业，正在或必将成为现代社会中最为困难和复杂的职业之一。然而，这并不意味着每个教师时时处处都需要扮演这样繁多的角色。它们总是对教师整体而言，是对全部学校教育过程中教师活动所涉及的方面而言。

教师扮演自己的角色，有时可能会感到矛盾，有时可能体验到和官僚主义的行政领导及社会之间的冲突。这种冲突有时也在教师和家长之间、现实与理想之间，以及自己的职责和周围环境之间发生。

（二）教师管教学生的误区

教师在学校活动或课堂教学过程中，常有意无意地陷入以下误区：

1. 对学生言行的要求不当

教师可能对学生言行要求过高，缺乏弹性，导致管教过严。由于要求高，学生穷于应付，稍不留意便会犯规，出现"吹毛求疵"的情况。因为学生毕竟是未成熟的青少年，注意力与精力有限，违规事件很难避免。管教严格的教师，主张纪律严明，丝毫不犯，因此难以容忍学生的过失，更不能宽恕过失的重蹈。在此情况下，断然严惩"过失"学生，便会成为教师的工作倾向。教师也可能对学生的言行要求过低，导致管教过宽。管教过宽的特点是对学生言行缺少特定、具体的要求。因而，只要学生不惹是生非，不冒犯教师，其他过失皆不足为怀。此类教师多主张让学生"自由发展"。他们偶尔也可能被学生无法收拾的过失所激怒，但往往于"惩一儆百"后，仍一如往常，放而不管。显然，"不审势即宽严皆误"。教师正确的管教观应以学生的心理和行为表现的特征为据。要行之一贯，讲原则，要灵活，不能"喜怒无常"。

2. 以大量烦琐的重复或无效的活动取代有效的学习

为防止学生"无事生非"，有些教师设法让学生忙碌，以期望"管教"之名。这种教师会布置一大堆作业让学生完成，或安排许多形式上的活动，其目的为占用学生时间，一来领导和家长见学生成天忙于"学习"而给予赞许，二来学生也不致犯规或骚扰人。

实际上，练习和作业贵在指导，活动在于是否合乎学生需求，两者关键都在于有效，在精不在多。

3. 过高估计奖励和惩罚的作用

在教育过程中，对学生的惩罚常在获得立竿见影的效果之后得到教师的高度评价。如学生在课堂喧闹时，一骂即静；学生不听话时，一训就"乖"。正因为惩罚的效果具体而迅速，教师若找不到更佳的管教方式，便只好频频用之，至于惩罚的副作用则常被忽略。实质上，惩罚的目的虽在制止学生不良行为，但常会伤害学生心理，留下障碍，受罚者也易怨恨施罚的教师。而且，单凭惩罚，只能告诫什么为非，并不能增强学生的良好行为。奖励的效果一般会好于惩罚，但也应注意适当使用。过度迷信奖励功用，最后也会使学生产生"耐奖性"，其激励作用会渐次减弱。如有的班级每期均奖励终考成绩前五名的学生，但这个班的名列前茅者很可能会总是那几名。这些学生或因为基础好，或因为智商高，甚至因为环境和学习条件佳，可以轻而易举地获得，他们不一定最努力。他们对这样的奖励往往是"无动于衷""不以为然"，而且实质上并不公平，甚至可能伤害其他努力学习，取得了更大进步，但成绩不能名列前茅的学生。

4.缺乏处理问题行为的技巧

一般而言，关于管教与课堂纪律方面的师资训练，多以抽象的原则性理论教学为主。所以，教师多缺乏处理实际问题行为的技巧。例如，提倡"无条件地关心爱护学生"，但对于教师如何表现对学生的爱却缺乏提示。经常讲教师要"循循善诱"，但缺少专门的训练如何理解和如何诱导学生。仅仅强调"积极的指导取代消极的惩罚"，而不教以实际可行的处理问题行为的技巧。这样，必然导致"巧妇难为无米之炊"的结局。

（三）课堂上的"讲台效应"

心理学研究证实，教师在课堂上的表现受到其正面角色的加强。换句话说，正是因为教师在扮演着学生引导人、指导者的角色，就使其具有很大的影响力。这种影响力的微观表现之一就是课堂上的讲台效应。

学校课堂上，台上教师和台下学生虽然处于同样的客观情境中，但其心理感受却各不相同。教师站在讲台上，如果用目光扫视全课堂，他自己并不觉得在刻意地盯着特定的听讲者，而每一听讲者却可能感受到讲课的老师在专门看着自己。这种台上台下感受的不同可能被教师利用，并产生积极效应。它可以起一种组织课堂的作用，使学生的注意集中在讲课者周围。这就是"讲台效应"，教师应在教学中有意地使用。

与此类似，教师应充分利用讲台的优势，实际上是利用教师角色所带来的权威影响加强教学力度。例如，应提倡教师在课堂上"永远面对学生"，应提倡站立授课，板书时应注意培养边写、边说、边看学生的综合技能等等。

（四）教师角色的心理特征

教师作为社会的代表，对青少年施行教育，肩负着培养人的崇高使命。当代教师的任务是由三方面规定的。第一，教师的任务是由社会及其各级各类学校的教育目标规定原则，由学校校长按其期望于教师的行为举止、工作成效与规范，较为具体地依据本地本校的特点规定的。第二，教师的任务是以自己的思想、信念和能力为基础的。第三，教师的任务是由他的工作对象——学生所规定的。"教师面对着学生中发生的许许多多事情他可以自由回答，也可以不予理睬，但是他没有回避的自由。"一名合格的教师不但要有较高的政治和业务素养，还必须具备多方面的心理品质。

当今的教师大多经过大学专业训练或师范培训，在整个社会中文化水平较高。同时，我国目前尚有相当数量的教师急需进修提高。我们的教育制度、教育方针和教育政策是社会主义的。教师受到广泛的尊重，生活、工作和学习有保障。我们学校的教育教学工作遵循国家统一要求，按照相对统一的大纲和教材进行。我们的学校教育有自己特定的目标，对待教师有比较明确的要求，在教学方法上提倡改革创新。我国学校教育的上述基本特点，我国教师面临的任务和正在发生的作用及扮演的社会角色，决定了我国教师具有以下心理特征：

1. 热爱学生，期望学生健康成长

现代社会发展对人的素质提出了更多更高的要求。学校教育既要促使学生个体健康发展，又要通过个体的培养贡献于发展中的社会，要提供合格的毕业生进入上一级学校或走向社会。教师为此而产生满腔热情，恨不得用自己的全部才智培养学生。教师对学生的期望和热爱，他们的责任感和事业心，他们勤奋工作以及在工作中表现出来的高尚的品质，都会给学生以有力的影响。这是当前我国教师的主要的、基本的心理特征。

2. 意志坚定，善于支配感情

这是学校教育工作实践所造就的教师心理特征。教育是一个长期、复杂甚至曲折的过程，培养一个健康全面发展的人远非一朝一夕之功，必须依靠教师群体的团结努力。教师必须在意志品质上表现出目的性、果断性、一贯性和坚持性；必须经受烦扰和挫折；必须善于控制和调节自己的心理和感情，才可能完成任务。

3. 学习兴趣浓厚，提高自己的愿望强烈

由于"文化大革命"以及近年来社会经济体制变化所造成的负面影响，当前不少教师教育教学水平的稳步提高受到一定影响，而社会发展对教师职业及水平的要求，新的科技革命和文化、社会变化对学校教育，也对教师提出了更多更新的要求。一方面，我们要赶超世界先进水平，很多新学科、新内容在高职院校就开始进行教学；另一方面，教师必须以现代的心理学、教育学和教学法知识武装自己，迅速提高教育教学质量。这些要求转化成教师的需要，使他们对新兴学科知识和教育科学知识的学习有极大兴趣，对提高、充实自己有强烈的愿望。

4. 思维灵活，注意客观分析

教师有较高的文化水平和较强的思维能力。他们从事着教育青少年儿童的工作，他们工作的性质是智力活动。这些使教师相对于其他社会职业的人员思维更为灵活。他们一般比较敏感，善于抓住新信息，从各个角度，依据教育教学中出现的新情况，加以巧妙地处置。教师除了能理智地对待教育教学活动外，由于其能力和理智，他们具备参与学校管理乃至社会管理的主观条件。

5. 观察敏锐，善于了解学生

教师的工作要求教师具备一定的观察力，必须能够较为准确和全面地了解学生。学生在学业上和道德品质方面的各种征兆，教师一般都能看出。教师还具有一定的预见学生未来发展趋势的能力。在这些方面，教师确实高于常人，所以，这也是教师重要的角色心理特征。

以上五点仅就一般而论。教师论年龄分老、中、青，论能力和表现有上、中、下。各地、各校所处境况也不相同，因而，教师角色的心理特征也不会一样。各类情况的教师群体，还有各自相对独立的心理需要和心理特点。至于教师个体，那就更加特殊了，处于不同境遇中的教师个人，必然还有其个体的心理特征。此外，社会发展变化、学校实践的变异，都可能使教师心理特征有所变化。

（五）合格教师的心理品质

这是社会对教师职业要求的一部分。它不可能孤立存在，而是表现于教师全部工作乃至学习和生活之中。

1. 教师应具备的能力

能力是个性心理特征。教师教育教学能力作为个人的心理特点，是教师经过长期专业训练和工作实践的结果，对教师能力的要求具有相当大的共同性，虽然它们表现在教师个体身上。一般而论，教师最重要的能力是课堂教学能力，它是教师的基本功。教师的课堂教学能力包括：掌握教学内容，提出和贯彻教学目标，理解、分解和表述教材，恰当运用教学方法、教学技巧并表现出一定的教育教学机制。

教师还应有组织班集体，了解或研究学生以及进行家长工作的能力。这些能力的具体构成和如何形成这些能力，正是教育学、教学法和学科心理学所要详细研究的。

2. 表现在情感和意志以及其他方面的心理品质

合格的教师，除了有较高的知识、技能和能力水平，以及需表现出负责的态度外，还需具备良好的人格，使学生易于接近，并能创设适合的教育教学气氛，才能发挥教育教学功能。这些方面的品质主要表现在以下方面：

（1）忠诚教育事业，稳定的专业气质。所谓专业精神与"敬业"态度就是指的这一特征。教师应该对社会主义教育的本质和目标有所认识，并在从事教育教学工作的实践过程中，体会到学校教育工作的深远意义，这样才能形成上述品质。

（2）稳定的情绪，良好的师生和同事关系。学生心理上对教师尚有一定的"依赖感"。教师稳定的情绪对学生是一剂"安慰剂"，学生会感到亲切。教师能和各种各样的学生打成一片，情感交融，才能真正了解和理解学生。教师不能仅"自觉"对学生充满感情，还要善于以恰当的形式表达自己善意的情感。为此，教师需要训练自己表情与态度的控制，使自己面带善意，常露温情。这样，不仅对学生是良性刺激，也易保持和稳定自己良好的情绪，有利于自己的心理平衡和生活平衡。

（3）要有耐心和信心。教育教学过程是长期的，教师要有坚定的信心，才能有耐心，始终如一地坚持教育教学工作。在担任教师工作前，就应该对此有心理准备。要在工作中训练自己"说理"的耐心。对学生的要求不应该是"圣人"，而应该是"有进步就好"。这样，不但能使学生进步，对教师自己也是一种鼓励。

（4）乐观、活泼的性格。教师工作的对象一般是青少年和儿童。有了活泼的性格、乐观的态度，容易使学生产生亲切和亲近感，有利于师生良性互动关系的形成，有利于学与教的过程的正常进行。

（5）公正不自私。对学生不能有偏见。教师对学生的表扬、批评和成绩评定等要公正客观，处理事情要公平。师生关系要注意自然。树立"教学相长"的正确观念。事实上，教师的确可以通过教学，从自己的学生那里学到许多有益的东西。

（六）优秀教师的品质与技能

教师在课堂上清楚明晰地讲述当然与教师的学科知识有联系。教师越是有知识，他的讲解就越不会流于空谈。但是，不能简单地说教师越有知识，他的教学就越富有成效。教学的效果往往取决于教师所采用的组织和阐述知识的方法切合学生的需要和理解水平。尽管知识是有效教学所必需的，但单有知识是不够的。有效教学和优秀的教师品质与技能相联系，必须分析和研究构成优秀教师的那些因素。

1. 教师在课堂上的教学行为

这是决定教师是否优秀的关键因素。美国教育心理学家罗森夏和弗斯特曾将优秀教师在课堂教学中的行为特征归纳如下：①清晰地描述、指示和说明。②常采用不同的教学方法而不只用一两种方法。③热心研究所教学科和学生，并通过有力的讲演、姿态和眼神表达热情。④说服学生进行讨论，鼓励学生发表意见，并不仅是依赖自己讲演的技巧。⑤有条不紊地完成任务，使学生知道教学目标是重要的，知道学习是严肃的事情。⑥将大量的课堂教学时间花在学术性材料上，为学生提供学习机会。⑦常用结构式评论组织、介绍和明确诸多教学活动。⑧站在不同的认知水平（知识、理解、应用、分析、综合和评定）上提出问题并给予解释。⑨较少采用否定的批判方式。⑩指定难度适当的材料。

以上条目是对优秀教师课堂行为的归纳。然而，为什么优秀教师有如此的表现呢？隐藏在以上行为特征后面的还应有更深层次的教师品质。我们可以参照以上行为特征，结合要表现出这些行为特征所必需的教师品质，制订一个优秀教师的培训计划。接下来的几条品质与上述行为有关。

2. 理解学生

优秀教师一般更能理解学生。理解学生能力是一种复杂的、多方面的能力组合，它是由教师个人的人际关系发展过程中形成的许多相互关联的品质所构成的。这些品质包括虚心、敏感、移情作用和客观性。

教师要理解学生，虚心是前提。所谓虚心就是在人际关系中，坦率和包容地对别人的言行持一种善于公开接受的态度，不抵制，也不因先入之见而评判它们。虚心含有倾听、接受、做出反应以及与别人交往而不受自己价值观的束缚的意思。优秀教师的虚心要求教师不用固定的标准去理解学生。他不能只把学生当作"孩子"，不能认为学生说不出很重要的事，或者说学生的意见没有多大价值，所以用不着认真考虑。如果是这样，学生一般不会将自己的感受告诉教师。虚心的教师会想象学生是个活跃、变化和懂事的人；他会通过倾听、接受、传递和调整学生所发表的意见，力图发现学生是怎样的人，其结果，教师就会理解学生了。理解学生是满足教学过程中学生的需要所不可缺少的条件。

虚心的教师就很容易具有"敏感性"。因为虚心使教师准确而合理地理解学生，能很敏感地觉察学生的困难、情感或需要，并做出适当的情绪反应。一个具有这种敏感的教师能够更迅速、深入地应答。这是优秀教师的重要品质。

移情作用可使教师"将心比心"，使教师从主客观两方面洞察学生。为了移情，教师有时要沉浸于他所要了解学生的观点和情感中；而为了洞察学生的世界，教师要体会学生的经验和知道他学习努力和掌握的程度。可见，移情作用是沟通，是使接受者感到被认可，移情作用有助于教学，但真正要使教师以儿童的目光去看世界，对教师的要求是相当高的。为此，教师需要放弃自己的某些价值观与兴趣，以便参与到学生的特殊世界中去。这要求大量的个人牺牲和专业的责任心。

最后，要理解学生需要教师具有客观性。事实上，上述虚心、敏感和移情作用，都含有一定程度的客观性。客观性和虚心、敏感和移情作用相结合，在理解别人的过程中起决定性作用。它促使教师与学生在面对面的情境中双方的观点得以一致。

3. 与学生的有效交际

教学是一个人际交往的过程，教师在教学过程中传达情感和观念均依赖于师生的交流。所以，有效的教学取决于有效的交往。优秀的教师一般更精通他与学生所共同使用的语言。语言的熟练不只意味着具有充分的词汇、合乎逻辑的与清楚明确的说话方式，更重要的还意味着具有以学生最理解的语言传达思想和意义的能力。

有效的交往的一个方面是期望言语将对接受者发生什么效应，预先知道自己的言辞的结果。在课堂上，这意味着教师必须能够预期到同样的字眼将对不同的学生产生不同的影响。例如，教师表扬学生甲是个好孩子，学生甲可能非常兴奋，十分得意；但是，学生乙也许把这种表扬当作常事。对他来说，他一直频繁地听到如此简单的赞词，需要别的赞词，才能激起同样的兴奋。为了使课堂交往富有成效，必须对合适情境中的合适的人使用合适的字眼。师生交往和谐，需要教师在传达教学内容时针对学生的智能进行逻辑的讲述，用言辞传送知识、讲解教材；同时，还需要表达自己的意图，要能发出感情，用隐藏在口头语言背后的关系和微妙的信号引起学生情绪或目标的一致。这种一致又能使传达的教学内容得以加强和充实。优秀教师的教学就是这种讲述内容和表达意图两者之间的统一。

4. 理解自己

自知是优秀教师的一种必要品质。然而理解自己，不仅含有认识自己之意，还包含要掌握别人之所知与自己之所知的关系的意思。课堂教学活动是一种透明的公开活动，教师的一举一动和所作所为，包括他的心理状态都是显而易见的。教师的感情和心境，他的安全感、自信与自尊都会通过教学活动得以显示。优秀教师必然能够理解和掌握自身。

优秀教师可以通过调节自己而维持心理平衡。他可以抵抗自己的消极情绪。教师多多少少会在教学过程中遭遇冲突和挫折，并由此而产生焦虑。这种焦虑可以使一般的教师失望或失常，而优秀教师能够处理和控制教学过程中的愤怒、挫折、疏离和寂寞之感。为此，他必须要超然于某些情境而不被它所控制，这样才能取得平衡，建立自信，使教学成功。

优秀教师了解自己的需要，尤其是取得成就和自尊的需要。教师需要的满足是重要的激励因素，优秀教师更能意识到它们。满足这些需要不仅要求教师提高认识和工作的水平，而且依赖别人包括学生在内的反馈。学生评价和鉴赏是教师工作的动力和源泉。当然，教师为了得到学生的爱，他必须重视学生的爱，他必须乐于接受这种爱，他必须把学生看作值得尊重的人。当教师具有这样一种心理准备时，就能够真正爱学生和爱自己。斯坦福大学的教育心理学教授盖奇在他主编的美国大学《教育心理学》教材第 15 版中，把优秀教师的品质和表现归纳如下：①利用优生的优点和一般学生的"闪光点"激发学生；②愿意花时间去理解学生；③较强的组织能力；④幽默；⑤使学生感到学习是件好事；⑥对所教学科充满热情；⑦公正；⑧使学生感到教师是负责任的；⑨用可被理解的方式呈现教学内容。

著名的人本主义心理学家罗杰斯认为，优秀教师"应当忘记他是一个教师，而应具有一个学习促进者的态度和技巧"。罗杰斯的论断对我们应有所启示，因为从学与教的过程的逻辑看："一切真正的学习，归根到底，是自我教育。"

（七）学生心目中的教师

当学生议论他们的教师或讨论课的好坏时，他们常用诸如"他是那样的公正""说得真清楚，考虑得如此周密和透彻"，或"他自己根本不懂""令人难以接受"和"这家伙太啰唆"等措辞。由此可见，教师有些品质是学生喜欢的，也有不少特点是学生不喜欢的。从学生的角度看教师应具备的品质，不仅有趣而且意义重大。

1. 学生心目中的理想教师

根据一些调查材料，学生认为理想的教师应具备以下特征：①公正正直；②关心学生，重视学生；③情绪稳定，不随意发怒，不苛求、讽刺学生；④除有学识之外，还有良好的教学方法，有崇高的理想；⑤没有不良习惯，如随地吐痰、口沫横飞、衣冠不整、表情过度等。

2. 学生最不欢迎的教师

①腹中无物，自充贤能；②过分严厉，淡漠无情；③爱讽刺、挑剔，伤害学生自尊心；④性情乖戾，态度傲慢，与学生敌对，不负责任；⑤喜欢学生阿谀奉承；⑥不懂教学方法；

⑦胆小怕事；⑧处理问题不公平。

（八）教师教学中的不良习惯

根据日常经验总结和一些调查研究，教师应注意克服以下不良教学习惯：神经性的习惯，如抓头、频繁眨眼、挖鼻孔、傻笑等；随地吐痰或口沫横飞；上课抽烟，吞云吐雾；衣冠不整，满身油腻；表情过度，做小丑状，眉头紧皱；漫谈琐事，好讲粗话；看本照念；可厌的讲话习惯，如语音模糊、单调乏味；讲话犹如有痰在喉；乡音不改，口头禅太多；语音低沉或响彻云霄，震耳欲聋。

总而言之，从学与教过程中师生人际交往的角度分析，一位有效教学的教师绝非一个冷酷、尖刻、敌视、漠然、零乱、卸责、固执与沉闷之士。一般而言，善于表演与善用幽默的教师并不能令空洞的讲授内容产生教学效果，但他们却比言辞平淡的教师更能增加学生的学习成就。因而，只要内容充实，善于表演与善用幽默以增强教学效果的教师，对学生的学习有益而无害。

（九）课堂师生交往的心理学策略与技巧

1. 课堂师生交往的性质与特点

课堂交往是一种人际沟通。它具有传递教学信息，满足师生个体心理需要，改善师生关系，激励学与教的积极性和改变学生思想和行为等心理功能。

课堂师生交往具有以下特点：

（1）课堂交往是一种正式交往。人际交往可分为正式交往与非正式交往。课堂中的师生交往具有鲜明的目的性、计划性、组织性与规则性。它是在教师的主导下按照教学计划的要求进行的，师生双方要遵守交往的规则，因此，师生都应学会遵守课堂交往规则，掌握相应的交往技能。在课堂交往中，学生易受拘束，产生紧张心理。教师应争取创设自由和谐的交往情境，消除交往障碍。

（2）课堂交往是一种代际交往。教师与学生多属于两代人。所以，师生课堂交往必须注意两代人在知识、经验、认知方式、需要和心理特点等方面的差异。课堂交往既不是成人式的交往，也不是单纯的儿童式交往。所以，既要考虑学生的年龄特征，又要引导他们日趋符合成人交往的规范。

（3）课堂师生交往是"一对多"式交往。这需要教师具有较高的适应课堂交往特点的交往技能。"一对多"式交往，容易导致某种"貌合神离"，有时师生之间直接交往与心理交往较为困难，容易产生被忽略的"交往死角"。

根据课堂师生交往的特点，要注意一些可能产生的不良倾向。如仅重视认知交往，忽视情感交流；仅重视言语交往，忽视非言语交往；远距离交往多，直接的个人交往少；忽视学生年龄特征而导致的交往成人化倾向以及由于不尊重学生而导致的交往不平等倾向等。

2. 建立良好师生关系的心理学原则

（1）不要把教师的需要解释为学生的需要，不要把教师的焦虑和不良情绪转移给学生，防止对学生的偏见。

必须承认，虽然教师和学生在学与教过程中的目标与根本利益基本一致，但的确存在各自独特的需要。例如，同样追求好的考试成绩，教师有可能出于争优的需要，他们怕"失面子"，而学生更重其实际价值。作为成人，教师有某种以自己的想法和需要替代学生需要的倾向。虽然有时这样做也有利于学生，但教师的这种倾向往往带有某种偏见的色彩。因此，教师需要"设身处地"为学生着想，注意尽量减少与克服这种偏见。

这种倾向往往是导致师生关系对立的重要原因，必须尽力避免。出于各自需要的差异而产生的师生对立是学生也是教师行为不成熟的表现，最终受害者往往是学生。它对学与教过程的正常开展是致命的威胁。

（2）创造安全而温暖的课堂气氛。学生总是处于不同的学习准备状况之中。他们来自条件各异的家庭和生活环境，背景迥异，尤其是学生以往的学习经历，对现实的学习影响很大。教师要努力使学生"摆脱"以往的不良影响，要让学生以重新开始的态度去洞察事物和关系。如果学生觉得自己在课堂上的存在和行为被人认可，无可指责，他就会感到安全和温暖而对教师深信不疑。课堂上的师生关系必须是一种相互信任的关系，而不是相反。为形成这种关系，处于主导一边的教师首先应消除仅根据某学生外表、态度、过去的成绩或当前的作业表现去评判学生的倾向。教师永远要把学生当作具有独特潜力、需要和志向的个人来了解和认可他们。在现实的学校课堂上，不少学生有不安全感，不信任教师，有时甚至教师也有同样的感觉。例如，初中学生可能经常怀疑他们教师处事不公，"说话不算数"；而高中学生多常抱戒心，怕在某个概念或某种价值观、某种学科的学习方法方面"上当"。

（3）正常的师生关系要有分寸，应以公认的渠道为限。如上所述，课堂上的师生关系是一种正式的公务关系而非师生之间私人的非正式关系。教师是社会正统和父母的代表，师生都必须遵循规范双方行为的准则。作为教师，不能随便放弃教师所应有的威望与权力。这样，才能有效地对学生施加其应有的影响。

一个过分地把自己等同于学生的教师，很可能会轻而易举地丢失自己影响学生的主要手段，而且并不一定能从学生个人或团体那里得到真正的支持和帮助。有些教师出自真诚地认识、理解和帮助学生的愿望，主动与学生建立私下的个人友谊。这时，一项禁忌应为教师知晓，那就是教师不要刻意去追求学生的爱戴。由于认真完成任务而为学生所爱戴，那自然是好事，但如果有意讨好学生，那就是不恰当的。在教师与学生之间保持一定的"社会距离"往往是教师准则的一部分，也是学生准则的一部分。

"奉承""拍马屁"以求做"教师的宠儿"或刻意地企求教师的好感，这类学生会由于违反一种不成文的学生准则而受到同学的排斥；同样，如果一位教师公然违反正常师生关系的准则，也可能受到自己同事的轻视。

缺乏经验和冒失的教师可能为了使学生变"好"而追求学生的友谊。他们不知道，在课堂学与教的过程师生关系中，就如在一切制度中的关系，除了属于个人的威望外，也有属于职务的某种威望和权力。评判一个教师的行为多多少少必须参照教师的行为准则。"一个不依照这个规则行事的人，往往会被人认为是不知自己的职责。他或许不知道如何当教师，也许根本不会当教师。他缺乏当教师的知识或技能。无论如何，他都被评判为不胜任的人"。

3. 课堂师生正常交往的教师条件

课堂中的交往主要是教和学双方，或者说是教师和学生两方面的交往。这个过程中发动者、引导者和主导者是教师，因而教师的胜任是正常交往的前提。他们应具备以下条件：①对所教课题胜任。②应被学生视为可靠的、一致的、有预见力和乐于助人的人。③在讲授的可懂度、说服力和生动性方面可以接受。④讲授热情、目的明确、态度友好而坦率。⑤有接受反馈的愿望，乐于接受意见。⑥讲话的速度不要太快或太慢，大多数学生能够接受；教师一定要非常谨慎和高明地处理这种关系，否则在试图调和友谊与权威时，会得到两者皆失的结果。作为原则，师生友谊应以制度上公认的渠道为限。⑦要有提问的技巧，不能只提知识性的简单问题，还能采用启发式提问。

4. 课堂上促进师生交流的技巧

①采用一种以上的方法，以加强信息强度和清晰度；②用第一人称表达思想和感情，使信息简单和直截了当；③使信息具体和完整，让学生理解你的标准；④注意使用非言语的手段，并使言语描述和非言语表示一致，教师可用自己的面部表情和动作表情、同学生的接近、板书及辅助语（如嘀咕等）来表示自己的意见，提供某种信息，但要使其符合教学目标；⑤鼓励学生的思考性倾向并做出适当的反应；⑥采用小组讨论，使学生避开心理障碍而交流思想情感；⑦掌握"倾听"和应答的技巧。

5. 课堂交往障碍

①课堂语言障碍。在课堂交往中，发出信息者有一个变思想为语言的过程，信息接受者有一个理解语言的过程。师生双方使用语言不当，语义不明确，表达不清楚，缺乏逻辑性，教师讲话速度和音调不协调，不了解儿童语言特点，言语腔调成人化和过于书面语言化，以及讲课背教案等，都可能造成语言障碍。②课堂交往中的心理障碍。心理因素在人际交往中有重要影响。教师常有一种错觉，以为学生必定按他们讲的意义去理解。其实，学生接受的信息并不等于教师发出的信息，都经过了主观的筛选。如果学生缺乏学习动机，就会产生动机障碍；师生之间情感不融洽，心理不相容，就会引起情感障碍；师生的知识经验相距甚远，教师以为很简单的问题，学生可能理

解很困难，从而产生认识障碍等等。总之，在课堂交往中，教师要注意消除师生间的思想、知识经验、情感、态度和动机等方面的差异引起的心理障碍。③角色地位障碍。教师在课堂上的角色地位使其容易产生权威心理和"教师自我中心"倾向。学生在课堂上的角色和地位使其易产生被动服从心理、顾虑心理、焦虑心理和恐慌心理。这些都可能转化成课堂交往的角色地位障碍。④交往技能障碍。课堂交往不同于日常生活中的人际交往。它要求教师具备"一对多"的课堂交往技能。有的教师缺乏这种能力，就会产生交往技能障碍。课堂也要求学生具备一定的交往技能，这有赖于教师对学生的训练和培养。学生存在个别差异。这些都可能引发交往技能障碍。⑤课堂结构障碍。我国中小学课堂教学结构多为"秧田式"，容易以教师为中心。教师讲，学生听，信息交往是单向的。较好的是双向交往，有问有答。一成不变的"秧田式"课堂结构，往往成为改善课堂交往的重大困难。

第三章 高职大学生心理危机

第一节 大学生心理危机研判

运用创伤理论从更加宏观的角度分析大学生心理问题产生的原因，并在此基础上探讨大学生心理危机干预面临的现实困境。大学生心理危机有其普遍的发展规律，从"全方面""全动员""全赋能""全方位"四个维度构建完善的大学生心理危机干预机制，并关注大学生心理危机后的自我重建与升华。

一、研究背景与工具

（一）研究背景

大学生心理健康教育是高职院校思想政治教育工作的重要组成部分，提高大学生心理健康素质，增强学生承受挫折、经受考验的能力不仅有利于学生的身心健康发展，也有利于高职院校的安全稳定。受到当前政治经济、成长环境、社会思潮等各方面因素的负面影响，大学生心理健康受到了严峻的威胁。据调查，在我国的大学生群体中，有 16% ~ 25.4% 的学生患有心理障碍，主要表现为焦虑、恐惧、抑郁等。近年来，高职院校心理危机事件频频发生，大学生的心理问题也呈现出多样化和复杂化的趋势，建立完善大学生心理危机研判与干预工作机制受到各高职院校的普遍重视，教育部相继出台了《关于加强普通高等学校大学生心理健康教育工作的意见》《普通高等学校大学生心理健康教育工作实施纲要（试行）》等文件，这些文件明确表明大学生心理健康教育工作的重要性，也为高职院校开展大学生心理健康教育提供了依据与思路。

然而，在当前我国高等教育普及阶段，大学生数量庞大、素质参差不齐、教育资源匮乏等问题都给高职院校心理危机干预工作带来了很大的挑战。当前的大学生心理危机干预机制虽然在处理心理危机行为、降低危机影响等方面有一定的作用与效果，但所有这些干预手段都是在爆发心理危机事件之后采取的，具有一定的滞后性。而心理危机，或者说心理问题最佳的处理期应该在萌芽阶段，心理问题的预防与预判相比之下就显得更为重要。在创伤理论的指导下，探讨大学生心理问题发生的原因、表现特征，有利于更好地研判与预防学生的心理问题，并在一定程度上降低心理危机爆发的影响力。此外，创伤理论还强调创伤后的自我重建，为大学生心理危机后的成长以及高职院校心理帮扶育人提供了思路。

（二）研究工具——创伤理论

"创伤"（Trauma）起源于希腊语，最初的含义是外力对身体造成的物理性伤害。可见，人们关于创伤最初的研究，集中在外部身体方面。到了19世纪下半叶，在结合维多利亚时期与工伤有关的临床医学和19世纪末的现代心理学后，创伤的研究开始转向人的心理方面。在这方面做出卓越贡献的是弗洛伊德的心理分析学。弗洛伊德认为，"一种经验如果在一个短暂的时期内，使心灵受到一种最高度的刺激，以致不能用正常的方法谋求适应，从而使心灵有效能力的分配受到永久的扰乱，我们便称这种经验为创伤。"另外，弗洛伊德还提出创伤具有"延迟"和"重复"的特征，为后来的创伤理论研究奠定了基础。

1. 创伤体验的普遍性

受到特定时期的社会背景、政治、经济、文化等诸多因素的影响，生活在同一个历史时期的人都具有一种普遍的创伤体验，这种创伤体验是时代的产物，成为一种集体无意识沉淀在每一个人心里。比如在抗战时期，战争与死亡就构成了那个年代人们普遍的创伤体验；在"文革"时期，政治乱斗是当时人们普遍的创伤体验；到了20世纪90年代，独生子女成长的孤独就成了当时人们普遍的创伤体验。因此，创伤体验是具有普遍性的特征。

2. 创伤体验的延迟性

创伤研究者认为，"与时间的距离过近，或过远都无法再现创伤事件"，某一个创伤事件会在人的心理上表现出"滞后性"或"延迟性"。换言之，具体创伤事件给人的创伤体验可能具有一定的潜伏期，在这个潜伏期内，经历心理创伤的人可能跟常人并无差异，仿佛那段创伤经历早已被遗忘。但是，一旦受到某种外界的刺激，这种创伤体验就会被激活，从而给身心健康带来严重的侵害。

3. 创伤体验的反复性

创伤研究者凯西·卡露丝指出，"（创伤）病理学仅仅存在于经验结构或感受，（创伤）事件在当时不会被充分吸收或体验，而是被延迟并反复地侵害受创主体。"遭遇心理创伤之后，创伤事件的负面影响会不断地侵袭心理创伤主体，以噩梦、幻觉、回闪等形式不断浮现，使其不断回到创伤情景，反刍心理创伤的记忆。长此以往，创伤记忆会不断被累加，创伤的体验感不断得到固化加强，从而导致严重的心理危机。

二、创伤理论下大学生心理危机干预的困境分析

心理危机干预是指采取紧急措施帮助当事人解除十分紧迫的心理危机，使其症状得到缓解，甚至消失，心理恢复平和的过程。危机干预主要通过预防教育、早期预警、重在干预、后期跟踪等方式进行。大学生心理危机干预是一项系统的工程，不仅涉及面广、难度大，而且具有一定的危险性。虽然大学生危机干预已经受到广泛重视，从教育部开始，各级教育管理部门都出台了相应的政策文件进行部署指导，各高职院校也都在危机干预方面积累了一定的经验，但是由于主客观因素的复杂性，当前大学生危机干预依然面临重重困境。

（一）危机重重——趋同时代背景下，心理问题的普遍性

目前在校大学生大多是"95后"。从2018年开始，2000年后出生的学生也大规模进入大学学习。大学生中有相当一部分是独生子女，很多来自农村的学生有留守经历，他们是伴随中国经济迅猛发展而成长起来的一代，也是在互联网全方位包裹下成长起来的一代。成长在这种时代背景下的大学生，相比父辈，虽然在物质生活条件上得到了极大的满足，却具有承受挫折能力差、依赖心理强、以自我为中心等心理行为。当他们进入大学校园后，来到一个新环境，面临角色转换，有相当一部分大学生会出现适应不良等问题，表现出焦虑、迷茫、社交障碍等一系列连锁反应，从而产生一连串的心理问题。其次，中国的高等教育发展到今天，已经顺利完成从精英教育到大众教育的转向，据不完全统计，我国当前在校大学生的数量将近4000万人，面对严峻的就业前景、复杂的职业市场，有相当一部分大学生会有前途无望、希望渺茫等无力感，在巨大的竞争压力中产生心理问题。最后，在以应试教育为主导的教育体系中，学校和家庭大多只关注学生的成绩，而忽视对其心理状态的关注和人际交往技能的培养，缺少对学生心理素质的锻炼与提升。在这样的时代背景下，大学生心理问题是具有普遍性的，小到考前焦虑，大到抑郁症，如果不进行及时介入，有效干预，就有可能爆发严重的心理危机。

（二）危机四伏——多重认知偏差下，心理问题的隐蔽性

相比身体方面的病痛，人们更容易忽视心理方面的问题，因为身体方面的疾病是有形的、具象的，而心理方面的疾病就相对抽象很多。并且，在创伤理论看来，许多心理方面的创伤具有延迟性的特点，因此很多心理问题发生的根本原因可能要追溯到当事人幼年甚至更早的时期。在这样的情况下，很多患有心理疾病，或者有心理障碍的学生可能就很难及时觉察到自己的心理问题，更不用谈去反思其中的原因，直到心理问题发展到一定阶段，爆发出严重的心理危机时才被人发现，实际上已经延误了最佳的治疗时机。其次，由于担心孩子在学校会受到歧视，或者承受舆论压力，很多家

长会刻意隐瞒孩子患有心理疾病的病史，甚至有些家长在得知孩子已经出现异常行为的情况下，仍然拒绝接受甚至否认孩子心理异常的现实。由于受到传统观念的负面影响，很多家长不能够正确理解和看待孩子的心理问题，其中有不少家长认为孩子的心理问题是孩子不坚强、矫情的表现，这种认知方式在很大程度上恶化了当事人的心理问题。最后，由于对心理问题的认知错误，心理问题常常被"妖魔化"，不仅当事人会有这种认知偏差，旁观者同样也会有这种认知上的错误，把心理问题与"精神病""疯癫"等画上等号，这些认知偏差会给当事人造成很大的压力，不仅会阻碍其寻求援助，更会加重他们的心理负担，引发次生的心理问题。由此可见，多方面的认知偏差是心理问题隐蔽性的主要原因，这在很大程度上降低了心理危机干预的及时性和有效性。

（三）危机迭起——多元因素影响下，心理问题的反复性

心理问题的发生有其复杂的内在原因，还有多种多样外在的诱发因素。从某种意义上说，某些严重的心理问题是无法根治的，比如抑郁症、精神分裂等，只能去控制，避免负性事件的影响，防止心理问题的复发。而在学校中，诸如情感困扰、人际关系、学业困难、就业及升学压力无一不是负性事件，由于心理尚未成熟，在面对这些负性事件时，很多大学生不能正确地去处理，容易产生思想上的矛盾与冲突，引发心理危机。其次，由于心理问题错综复杂与个性化的因素，心理问题在矫治上具有很大的难度，很多情况下大学生的心理问题在短时间内很难得到有效、有针对性的救治。如此反复之后，有一部分大学生可能就会对心理治疗感到失望，甚至扩大到人生的无望感。最后，很多心理问题产生的原因是在潜意识层面的，就像冰山下层一般无从窥探，在没有正确引导前提下，当事人以及专业的心理咨询人士都无法察觉，而这种根深蒂固的心理问题，一旦遇到应激事件，可能就会爆发出来，造成反复性的心灵上的折磨。心理问题的反复性给危机干预造成了很大的困难与挑战，不仅给当事人带来持久的身心折磨，对危机干预者来说也是一场持久战。

三、创伤理论下大学生心理危机干预的路径提升

根据创伤理论的观点，心理创伤具有普遍性、延迟性和反复性的特点，这些特点决定了心理危机干预不是一蹴而就的工作，而是系统性、长久性的工程。同样，大学生的心理问题也不是一朝一夕就形成的，而是经过长久的积累，加上外在因素的诱导而产生的，其背后既有历史原因，也有现实原因。做好心理危机干预不仅要求干预者有很强的信息收集和总结能力，能够全面认识并且分析心理问题产生的原因，还要求其具有较强的预判能力；不仅能够准确鉴别、觉察严重心理问题学生，而且能预估整个危机干预的效果，这对心理危机干预来说是一个严峻的挑战。

（一）全方面——覆盖学生心理信息动态档案

在新生入学之初，通过查档、心理健康普查、谈心谈话、侧面了解等方式建立学生初始心理信息档案。在档案完善和更新过程中，要特别注意以下几类学生，做好重点标注：心理健康普查中有严重预警指标的学生，特别是普查中有抑郁倾向或者有自杀轻生念头的学生；查档中发现家族具有遗传精神病史，或者家长有过自杀行为的学生；患有严重失眠症、情绪持续低落、性格孤僻的学生；身患重大疾病，或者残疾的学生；学业预警，多门考试挂科，或者在考试中作弊受到处分的学生；遭受重大变故，比如亲人去世、家里破产等情况；家庭不完整，包括单亲、离异、重组家庭的学生。以上几类学生是潜在发生心理危机的高危群体，必须时时关注，做好这几类学生心理动态信息的收集与更新，及时地调整与补充，可以充分反映学生的心理变化，有助于全面掌握学生近期的心理变化，及时发现一些苗头性、倾向性的问题。同时，完善学生心理动态的心理健康档案也有利于提高心理危机干预的准确性和针对性，是进行心理危机干预的最基本要求。因此，及时、全面、有针对性地建立健全学生动态的心理健康档案不仅是做好心理危机干预的首要要求，更是基本的前提条件。

（二）全动员——建立"四方联动"干预机制

建立"学校—家庭—医院—社会"四方联动的危机干预机制，建立多维度的心理支持体系。心理学家强调在心理危机干预中，实现学校为主、家庭配合、社会参与的多方面支持体系，能够为学生成长成才提供重要的保障。心理危机干预是一项系统工程，不是一己之力可以完成的，需要多方的支持与配合才有可能达到预期的效果。学校是大学生活动的主要场所，也是各种人际关系、人际交往发生的平台，同时学校也承担着心理常识普及，以及基本的心理问题咨询与疏导工作。家庭在学生的心理危机干预中有着不可替代的作用，因为有相当一部分学生的心理问题的症结，或者说根源在于家庭，或者说父母的关系，有效的危机干预必须发挥家庭的力量，家庭的配合与支持是危机干预能够取得预期效果的重要保障。医院是心理咨询与治疗的重要场所，当心理问题发展到一定阶段，超出学校心理咨询中心所能够干预的范围时，必须及时转介专业的心理治疗与咨询医院，接受专业医生的治疗与咨询。社会支持系统的影响也是不可取代的，整个社会应该要提高对心理问题大学生的包容度，理性看待心理问题的现象，以正面的鼓励、引导社会舆论走向，避免媒体报道、新闻宣传做噱头，大肆渲染，给有心理问题的大学生造成舆论压力。

（三）全赋能——提升心理危机干预者的专业技能

现阶段来看，针对学生工作队伍的危机干预培训还不够，心理危机干预机制还有待完善。在面对心理危机事件时，绝大多数学生教育工作者依旧凭借经验，或者根据前辈的经验进行，对于一般的心理危机事件，可能这一思路仍然奏效。但是在新的形势下、面对新时代的学生，如果仍然采取旧的方法，可能就会有问题。因此，提升学生工作队伍专业的心理危机干预技能，参加定期的培训与学习是非常有必要的。一方面大部分教育工作者并非心理学专业出身，在鉴别、帮扶心理问题学生时，不能从专业角度进行，从而导致学生的心理问题无法得到及时有效的疏导与排解，甚至会延误最佳的心理危机干预时期；另一方面，作为学生思想教育工作的第一线人员，学生工作队伍在处理学生心理问题时又具有其他专业人士所不具备的优势，而加强他们心理方面的专业技能不仅有助于提高思想教育工作的效果，还有利于增强学生工作队伍的心理素质。除此以外，年级、班级的主要干部、心理委员等也应该定期进行相关的培训，作为学生工作队伍的组成部分，他们在心理危机干预的过程中也具有不可替代的作用。由此可见，对学生工作队伍进行相关业务的专业培训，提升其心理危机学生的鉴别能力，提高对心理危机的敏感度与警惕性，以更加专业的方式和方法应对心理危机事件，是提高心理危机干预效果的根本所在。

（四）全方位——健全重点学生的跟踪机制

加强重点学生危机后的跟踪与预防工作是心理危机干预的重要组成部分，也是巩固心理危机干预成果的主要方式。心理问题的反复性决定了学生心理帮扶工作绝对不是一蹴而就的事情，需要长期的跟踪、定期的观察、持久的预防，才能确保心理问题学生的稳定。考虑到心理问题学生压力承受能力较差，过多的舆论压力会适得其反，因此重点学生的跟踪与观察工作，关键在其舍友、主要学生干部的支持与协助，所以用好主要学生干部是建立跟踪机制的关键所在。在心理问题学生宿舍培养心腹学生，安排班级主要学生干部密切关注重点学生的动态，这种关注不仅仅局限于线下日常的学习与生活，还应该涵盖其线上的动态，并做好及时有效的汇报工作。除此之外，营造温暖有爱的宿舍与班集体，增强心理问题学生的归属感，让其体会到集体生活的和谐与友爱，对稳定其情绪，增强心理支持系统是非常有利的。因此，在危机干预的后期跟踪方面，除了打造一批"精兵良将"协助做好重点学生的关注与情况汇报工作之外，更重要的是，要建立全方位的帮扶体系，构造有爱有温度的学习生活环境，不仅有利于防止心理问题的复发，而且还有利于促进同学之间人际关系的和谐，从而预防新的心理问题的产生。

四、创伤理论下大学生心理危机后的自我重建

大部分学者认同一个观点，"只有当创伤主体把创伤经验整合成一个'有序的，具体的，并且基于时间与历史背景下的'言说'，才能从创伤的记忆中恢复过来。"根据这个观点不难发现，心理创伤的产生与愈合其实是一个破碎与整合的过程，这个过程虽然是艰辛的、困难重重的，却蕴含着更好的可能和重生的机会。大学生正处在思想

和心理发展的关键时期，容易接受和适应新的事物，具有较强的可塑性。从危机的字面上理解，其意思是危险中蕴藏着机遇，如果心理危机爆发已经成为一个既定的事实，那么如何在危机中寻找机遇是心理危机干预的重要议题。大学生心理危机爆发是一个发现问题、寻找症结的过程，而危机干预后的恢复是一个自我完善与提升的过程。

（一）认知的自我重建

由于缺乏全局观念和足够的生活阅历，大学生容易片面地看待问题，有心理问题的学生更甚，他们在看待问题时往往持着"非黑即白"的态度，情绪化和极端化特点显著。认知偏差是造成心理问题的重要原因之一，生活中总有大大小小的负性事件，在面对同样一件负性事件时，心理调适能力强的人能够很好地进行自我疏导与排解，而心理调适能力差的人就容易陷入思维的"死胡同"无法自拔，从而爆发心理危机。心理危机干预的重要环节就是帮助当事人学会正确地看待问题，以更加全面的视角去看待生活中的挫折，并且学会从逆境中寻找希望。认知的自我重建对大学生的心理健康而言是至关重要的，因为心理问题存在复发的可能，如果不改变以往错误的认知观念，在面对新的挫折时就可能会再次出现心理问题，甚至爆发出更严重的心理危机。因此，在心理危机干预中，除了给予当事人外在的鼓励与帮助以外，更要引导学生去勇敢地面对问题，理性地分析问题，以更加客观的方式去看待挫折与困难，积极寻找更好的可能和美好的希望。

（二）价值观的自我重建

具有心理问题的学生往往自我评价过低，或者自我价值感较低，往往会有"自己很没用"或者"自己不值得被爱"的想法，在面对困难与挫折时，容易退缩与逃避，甚至一蹶不振。常常抱有这种想法会使学生陷入一种死循环，在事情还没做的时候，他们就想到了很多失败的结果，从而消极应对，自我放弃；而一旦结果出来以后，如果是失败的，他们又会有一种"自证"心理，认为自己就是这么差劲儿，这种结果是理所应当的。幼年时期没有得到无条件的爱，加上成长过程中没有获得足够的成功体验，是造成这类心理问题的主要原因。在处理这类心理危机时，危机干预者应该侧重给予他们成功的体验，肯定其克服困难与挫折的能力，激发和挖掘其积极的力量，让他们看到自身的价值和潜能。同时心理危机的克服对他们来说，也是一次不可多得的成功体验，引导他们在心理危机干预中发挥自身的力量，看到自己无限的可能是其完成自我重建的关键。

（三）心理弹性的自我重建

"心理弹性"的英文是"Resilience"，用于表示个体面对生活逆境、创伤等重大生活压力事件时的适应程度，即面对生活压力与挫折的"反弹能力"。有研究表明，心理弹性较高的人与较低的人相比，在经历挫折与压力事件时，有更好的适应能力，更容易避免心理障碍的发生。应激事件是引起心理变化的外在原因，而面对应激事件时的心理承受能力是心理危机是否产生的关键所在。心理承受能力弱、适应性差的大学生在面对新环境、新问题时，心理防线容易出现崩塌，产生恐惧、抑郁等一系列不良的反应，进而爆发严重的心理危机。在爆发心理危机后，通过有效的干预、心理疏导、团体辅导等形式，可以有效提高当事人的心理弹性。在经历困难与挫折以后，心理危机干预后的学生会对困难与挫折有更加深刻的认识，会以更加积极勇敢的心态面对生活中的各种不顺遂，其人格中积极的因素得到激发。增强大学生心理弹性的意义在于提高其承受挫折、经受考验的能力，在危机后获得成长，实现从"他助"到"自助"的过渡，这是心理危机干预的终极目标所在。

（四）支持系统的自我重建

大学生要维持心理健康，需要有一个来自亲人、朋友、同学等多方面组成的心理支持系统。有很多大学生的心理比较封闭，即使有心理问题也不愿意向周围的人倾诉，长此以往，一旦超越心理承受能力，必然引发心理危机。心理危机的爆发往往是因为积累了太多的情绪无法得到及时的排解，无法找到宣泄的出口。而那些有心理问题的学生的背后，往往是糟糕的家庭关系或者是不良的人际关系，在出现心理问题时，没有强大的心理支持系统，就容易导致心理危机的爆发。然而，心理危机的爆发却是重建支持系统的良好契机，因为心理危机的产生必然会引起当事人家庭的高度重视，让当事人的家长看到事态的严重性，有利于唤起亲情方面的支持系统。在危机干预中引入家庭的参与不仅是重要的，也是非常必要的，一方面大多数心理问题产生的根源在于原生家庭，探究家庭因素是找到心理危机致因的关键；另一方面，家庭的支持系统是帮助大学生战胜心理危机的坚实后盾。在心理危机干预后，当事人与家庭的关系会得到一定程度的缓解，父母与子女能够在心理危机中学会更加恰当的相处与沟通方式。

关注心理问题是培养健全人格的前提，大学生是社会主义的建设者和接班人，心理健康教育是高职院校育人绕不开的环节。然而受到主客观因素的影响，大学生心理健康受到严峻的威胁，心理危机事件时有发生，对高职院校的安全稳定造成一定的危害。创伤理论从更加宏观的角度分析大学生心理问题产生的原因，并在此基础上探讨大学生心理危机干预面临的现实困境，进而提出心理危机干预的优化路径，具有一定的理论借鉴意义。同时，创伤理论也关注心理危机后的自我重建，为高职院校心理帮扶育人提供了思路。

第二节 大学生心理危机的识别

大学生心理危机的识别与有效应对对于促进大学生心理健康、确保校园安全稳定、筑牢学生心理安全防线具有重要意义。本节对新时代大学生心理危机的表现、类型、特点、成因等进行了分析，并结合大学生实际，提出了善于觉察、勇于面对、敢于求助、成于配合的心理危机自我应对策略。

一、新时代大学生心理危机的含义及表现

（一）什么是心理危机

心理危机是指个体或群体运用习惯的应对策略无法应对目前所面临的困境时的一种心理失衡、失序或失控状态。通常只有符合下列条件的才算是心理危机：①有诱发性事件或行为的异常变化。个体在躯体、认知、情绪、意志和行为等方面出现异常，如出现抑郁、恐惧、悲伤、愤怒、心慌、手脚冰凉等心理、生理和行为的变化。②个体用平时的应对方法无效，因而产生无助、无力和绝望感等。

心理危机对人的影响是双重的：一方面，它会给人带来巨大的冲击，损害人的身心健康，甚至对未来生活留下阴影；另一方面，心理危机能够历练心智，危机中也潜藏着机遇，它能促使个体充分调动心理资源去应对困难，获得再生。

（二）心理危机个体的典型表现

一是认知变化，如悲观失望、自我评价降低、生活意义感缺失、学习兴趣下降等。二是生理变化，如失眠、食欲不振、头痛眩晕、心跳加快、呼吸短促、胸口疼痛、手脚冰凉等。三是情绪变化，如情绪低落、焦虑不安、无故哭泣、意识范围变窄、忧郁苦闷、喜怒无常、易激怒、持续不断地悲伤、自制力减弱等。四是行为变化，如个人卫生习惯变差、自制力丧失、过分依赖、孤僻独行、无缘无故生气或与人敌对、人际交往明显减少、行为紊乱或古怪、丢弃或损坏平时珍爱的物品、酒精或毒品的使用量增加等，较为严重者甚至会流露自杀念想，与身边人谈论死亡或与死亡有关的问题。

二、新时代大学生心理危机的主要类型

（一）境遇性心理危机

境遇性心理危机，是指在生活中出现的由于个人对其无法预测和控制的罕见或超常的事件而产生的危机。境遇性危机带有随机性、突然性、强烈性、意外性、震撼性

和灾难性等特点，如意外交通事故、被绑架、被强奸、突发的重大疾病、亲人或同学好友的死亡、父母离异、重大自然灾害等。比如，面对失去亲人的创伤后应激障碍，是典型的境遇性心理危机。这种危机由于事发突然、变化剧烈，给当事人带来极大的震动，容易引发剧烈的心理反应，如果处理不当，会产生严重后果。

（二）冲突性心理危机

冲突性心理危机也叫存在性心理危机，是一种伴随着重要的人生问题而出现的内部冲突和焦虑。这是一种基于现实性冲突的危机，如理想与现实的冲突、多重驱避冲突、回避冲突等。这种危机往往与重大的人生问题和选择相关联，如人为什么活着、活着的目的和意义是什么、人生的意义何在、我该如何选择等。比如，现在部分大学生存在"空心病"现象，对自己生活或者学习的意义感到困惑、迷惘或者虚无，不知道学习乃至人生的价值和意义，对学习生活工作的兴趣不浓，有些时候会莫名情绪低落，感到非常孤独，注意力不集中，甚至无精打采，这是一种典型的冲突性心理危机。冲突性心理危机不易觉察，持续时间长，内心十分痛苦，也易出现极端事件。

（三）成长性心理危机

成长性心理危机也叫发展性心理危机，是一种伴随每个人一生且不同阶段都会出现的危机，如环境适应、人际矛盾、恋爱困扰、婚姻困境、家庭冲突、学业压力、考试焦虑、就业困难等。成长性心理危机表现不剧烈，进程缓慢，持续时间长，一旦成功化解，将有助于大学生朝着更加成熟的方向发展。但如果成长性危机事件已远远超出当事人的应对能力，则需要进行干预。

（四）病理性心理危机

病理性心理危机是由某些严重心理障碍、神经症或精神病性问题所引发的心理危机，比如抑郁症、焦虑症、强迫症、恐惧症、精神分裂症等；也有的是由失范行为或犯罪行为引发的危机，比如品行障碍、违纪违法等。病理性心理危机需要进行专业的干预才能解决，精神病性的问题必须接受精神科专业医生的诊疗。

三、新时代大学生心理危机的特点分析

（一）时代性

中国特色社会主义进入新时代，当前大学生大部分为"95后""00后"，他们面临的心理危机具有鲜明的时代性。当代大学生面临的学业困扰、就业困难、创业困境、婚恋压力、房价压力、舆论压力等都呈现出新的特点，除了焦虑、抑郁、强迫等常见的心理问题，"空心病""佛系"等现象也成了当代大学生生动的心理写照，大学生还经常面对着理想与现实的冲突、自我与他人的冲突、驱动与回避的冲突。此外，还面

对着贫富差距、环境污染、隐私泄露、健康隐忧、风险隐患等诸多不确定、不安全的因素。这些问题一旦应对不好，就很容易产生心理危机。

（二）易感性

正处于青年初期的大学生是心理危机的易感人群。大学时期年龄一般都在18~25岁，虽然生理成熟，但心理发展处于由不成熟向成熟发展的过渡阶段，社会性发展相对滞后，认知容易出现偏差，心理容易出现各种矛盾与冲突，心态容易失衡，情绪容易失控，存在潜在的风险。如果负性情绪蓄积太久，容易做出极端和偏激的行为，引发极端事件。近年来，大学宿舍发生的几起典型的事件就是深刻的教训。例如，2004年的马加爵事件，由于马加爵的不良情绪长期没有得到合理的疏导，最终因一件小事导致其心理危机爆发。

（三）多重性

当代大学生个性张扬、价值观念多元多样，加之历史虚无主义现象时有抬头，西方对我国意识形态的渗透从未停止，大学生经常对一些问题和看法的认知能力有限，辨别是非真伪能力不强，容易引发各种内心冲突。比如，对于什么是对的、什么是错的经常会存在困惑，对于教材上和老师讲的与亲眼看到的现实经常存在出入时该相信谁？面对身边各种过度消费、超前消费、攀比消费等现象，是否该继续保持节俭的消费观？面对市场经济的深刻冲击，该追求金钱和享受的生活还是继续坚守心中的理想？这些困扰都容易引发大学生的心理冲突和危机。

（四）动力性

心理危机是伴随着人的一生必然发生的，只要人活着，就会有危机。在大学生活中，伴随着角色转化、环境适应、人际交往、恋爱受挫、学业压力、就业焦虑等出现的心理危机并不都是负面的：机遇与风险同在，挑战与考验并存，危机与成长共生。一些心理危机具有动力作用，能够促使大学生在应对危机的过程中增强积极心理资本，变得更加自信、乐观，更具韧性、活力，获得更多心理成长的力量。

四、新时代大学生心理危机的产生原因

（一）角色转换难以适应引发心理危机

在成长和发展过程中，每个人的角色都会随着时间地点和条件的变化而变化，但如果不能较好地适应，就容易引发心理危机。从高中学习到大学学习，学习方式、内容和途径都发生了很大的变化，有的同学难以适应大学"放养式"的学习模式，因此感到不知所措，有的同学对于自己没能考上理想的大学而灰心丧气。从家庭生活到宿舍生活，有的同学第一次尝试集体生活，与同学在生活方式、兴趣爱好等方面存在很

大不同，又不懂如何与同学进行正确的沟通，因此容易产生摩擦和矛盾。此外，部分大学生可能还会遇到异地上学水土不服、宿舍矛盾、人际冲突、失恋、挂科，甚至家庭变故等多重生活应激源。这些都容易导致大学生的各种心理危机。

（二）多元价值深刻冲击引发心理危机

从教育本身发展的角度来看待教育供给侧结构性改革的必然性。随着高等教育普及率日益提升，高等教育的供给数量得到了极大丰富。但以陈晨明为代表的一批学者通过对高等教育的人才培养跟踪分析，发现高等教育的供给质量没能有效提升，出现了人才培养供需之间不一致的现象，主要体现在学校给予求学者的知识技能与求学者潜在的知识技能需求不一致、与用人单位对劳动力的工作岗位技能需求不一致，即高等教育在人才培养方面出现了结构性失衡现象。具体到人才培养的各个环节，主要体现在以下三个方面：专业设置与社会经济发展需求的不匹配；课程资源建设内容与行业企业对知识技能的要求不匹配；求学者的实操技能与工作岗位的实际需求不匹配。

（三）现实社会转型变革引发心理危机

当前，我国社会正处于全面转型变革当中，经济发展处于由中高速增长到高质量发展的转型升级中，发展不平衡不充分的问题突出，传统行业深受挑战，社会竞争激烈，生活节奏加快，部分地区环境污染较为严重，这些都很容易引发大学生的焦虑和不安全感。加上有的高职院校专业设置与人才培养模式同社会市场不接轨，无法满足社会的需求，人才培养与市场需求不匹配，大学生就业难度加剧、创业风险增加，甚至有的学生一毕业就面临失业，这也给部分大学生带来了潜在的危机。

（四）网络世界险象迭生引发心理危机

当代大学生是互联网时代的"数字土著民"，他们从一出生就开始接触互联网，深受互联网的影响。大部分学生习惯于通过 QQ、微博、微信等新媒体进行虚拟社交，通过百度、知乎、搜狐、手机 APP 等网络平台收集资料、获取信息，通过支付宝、天猫、当当、京东等网络交易；部分大学生整天沉迷于"王者荣耀""英雄联盟""吃鸡"等网络游戏，喜欢通过直播、抖音、自拍等方式进行自我呈现。网络已然成为当代大学生学习、娱乐、消费的重要场域。但网络风险也无处不在、无时不有。如今，网络攻击、谩骂、色情、诈骗等现象时有发生，各种网络乱象层出不穷，网络舆论经常一点即发，大学生很容易成为网络生活的受害者。有的大学生深受校园贷、网络贷、网络诈骗等的伤害，出现抑郁、焦虑、恐惧、失眠等各种心理和生理方面的非适应现象。网络风险呈现出的各种新的形式和形态，都容易引发大学生的各种心理危机。

五、新时代大学生心理危机的自我应对

（一）善于觉察

觉察是应对危机的第一步，也是改变现状的基础。大学生在遇到心理危机时，首先要觉察自己对危机事件和自我的认知、情绪和感受。经常问自己现在的认知是否存在以偏概全、糟糕透顶的偏差？目前的情绪状态有利于应对危机、解决问难吗？要经常问自己真正想要什么、能做些什么，哪些是通过自己的努力可以控制的，哪些是不可控制需要主动适应的。要经常进行积极的自我暗示，善于觉察自己拥有或可以利用的资源，给自己赋予积极的能量和力量以应对危机。

（二）勇于面对

遇到心理危机并不可怕，可怕的是不敢去面对它，或选择逃避。大学生要认识到心理危机是普遍存在的，当遇到危机时，要全面分析危机发生的原因，辩证看待心理危机带来的影响，多看到心理危机的积极意义。要相信"否极泰来""不经历风雨怎能见彩虹"的道理，不要总是怨天尤人，要学会在困境中把握机遇，获得心理成长。

（三）敢于求助

"自助者天助"。大学生要增强"自己是心理健康第一责任人"的意识，遇到心理危机要主动寻求帮助，不要等待，可以将自己真实的困难和痛苦告诉信任的人。"一个篱笆三个桩，一个好汉三个帮"，大学生要相信有人愿意帮助你、支持你，既可以向辅导员、校心理咨询中心寻求帮助，也可以向心理热线或校外的心理咨询人员寻求帮助。

（四）成于配合

如果寻求心理咨询，要积极配合心理咨询师。心理咨询并不是一次就能解决心理危机，可能需要反复多次去见咨询人员或心理医生。如果到医院精神科诊疗医生有开药，要严格按照医生的嘱咐坚持服用，不能擅自断药。特别是对存在严重心理问题、神经症和精神病性问题危机的学生，更需要积极配合治疗，才能渡过危机。

第三节 大学生心理危机干预

为了解决日益普遍、严峻的大学生心理危机问题，本研究提出了积极心理学视角下的心理危机干预模式。一方面，要从"内生力量"和"社会支持"两个方面强化大学生心理危机应对的积极力量，实现"救火队"工作模式到"防疫者"工作模式的积极转变；另一方面，重视"以幸福为中心的生命教育"和"以逆商为中心的挫折教育"

的积极心理危机预防工作，践行"基于积极心理品质测查的心理潜能激发"和"基于积极心理支持建构的心理资本聚力"的积极心理危机干预工作，实现"被动干预"到"主动预防"的积极转变。

意外人身伤害、公共卫生事件、突发自然灾难，包括作弊、失恋、求职等心理应激事件给大学生造成了难以承受的心理危机，甚至会导致自杀等悲剧，因此高职院校的心理危机干预工作受到了教育相关部门、高职院校和学生家庭的高度重视。但是当前的大学生心理危机干预工作还存在着预防不足、干预滞后、干预不彻底、干预病理化等缺陷，本研究将基于积极心理学在大学生心理危机干预中的适用性分析提出大学生心理危机的积极应对结构和大学生心理危机干预的实施路径。

一、积极心理学在大学生心理危机干预中的适用性分析

（一）突发应激事件的不可控性与积极化心理危机预防的重要性

意外事故、自然灾难、公共卫生事件等突发应激事件的发生具有不可控性，甚至具有一定的必然性，这就使有观点认为心理危机预防是一个难以实现的"伪命题"。心理危机干预理论创始人卡普兰认为心理危机（Psychological Crisis）是个体在遭遇突发重大应激事件时，运用个人常规应对方式无法解决后，出现的情绪混乱、行为偏激或人格解体的心理失衡状态。如此来看，突发性的心理危机事件并不是心理危机出现的充分必要条件，个体的心理应对品质也是决定是否出现心理危机的关键因素。这就意味着尽管心理危机事件的出现是不可控且无法绝对预防的，但是从优化个体心理应对品质的角度可以做到心理危机的预防。

突发危难事件的不可控性决定了心理危机是一种常态，特别是对心理矛盾性明显、抗逆力脆弱的大学生群体而言，心理危机具有较大的人群普遍性、发生常态性和后果恶劣性，这就要求高职院校的心理危机干预工作要着力提升大学生的积极心理品质。积极心理学倡导以个体的积极情绪体验、积极人格品质和积极组织氛围为工作要点，优化个体的辩证思维、勇气、意志、善良、自控、乐观和希望等积极心理品质。一方面以积极的应对方式面对生活中的危难，达到降低心理危机发生概率的目的。另一方面凭借积极的心理品质抗御心理应激事件，达到降低心理危机伤害性的目的。因此，积极心理学是大学生心理危机工作创新变革中的重要思路，危难事件无法先知、难以预防，但是抗击心理应激事件的积极心理品质却是可以未雨绸缪、尽早提升的。

（二）传统心理危机干预的病理化与积极心理危机干预的优越性

传统的大学生心理危机干预以"哀伤辅导"为主要工作思路来处理应激事件给大学生带来的心理失衡状态，以症状的出现作为危机干预工作的起始点，也以症状的消除作为危机干预工作的结束点，这种危机干预模式具有一定的心理治愈效用，

但是也存在着一定的不足：①心理危机处理不彻底。以"哀伤辅导"为代表的心理危机干预模式更多的是运用情绪舒缓、放松减压和社会支持等方法实现干预对象的短期心理适应，而造成心理危机的根本原因（社会认知偏差、心理韧性不足和危机易感性强等）没有得到深层解决，这就无法避免同类事件继续对危机对象产生严重不利影响的可能性。②心理危机的后续追踪不足。事实上，危难事件造成的心理危机往往具有潜伏期，如创伤后应激障碍通常出现在强奸、致残、丧亲等恶劣事件的三个月后。③心理危机干预对象不全面。灾难幸存者和灾难急性心理障碍不明显的大学生也是心理危机干预的重要对象，可能会遭受"污名化标签""社会性歧视"和"自罪倾向"等心理危机风险。

甚至一些高职院校在心理危机干预工作中还存在着行政化思维，在学生陷入心理危机后首先以维护校方的"良好形象"为目的开展危机公关、责任处分等工作，或者粗暴地把学生的心理危机处理工作交给家长或医院等机构，甚至以"休学、劝退"避免学校责任。

积极心理学视角下的心理危机干预不再止步于心理应激状态的解除，也不再单凭危机干预人员的专业力量开展心理危机干预，而是激发危机干预对象的积极心理潜能来对抗心理危机状态，并且注重干预对象在危机处理过程中的积极品质塑造以防将来可能出现的心理危机，具有更加深刻和长效的治疗意义。

（三）当前心理危机预警的滞后性与积极心理危机干预的必要性

传统的高职院校心理危机干预基本以事后干预为主，通常在心理应激事件出现后或心理危机产生后才采取相应的应急干预措施。如今，大部分高职院校心理危机干预都引入了"学校心理健康中心（专业咨询师为主）—院系（辅导员为主）—班级（心理委员）—宿舍（心理联络员）"的四级心理危机预警机制，希望以此来防患于未然。然而这一系统化程度很高的心理危机预警机制依然只起到"亡羊补牢"的作用，未能摆脱其滞后性的问题。四级心理风险防控系统是一个垂直组织，任何一个节点人员的专业性和尽责度都会显著影响到心理危机干预的及时性和有效性，然而这些节点人员的专业性和尽责度并没有绝对保障；四级心理风险防控机制依然是以危机事件和学生的异常反应为基本汇报指标，做到了"早发现"的心理防控目标，无法从根本上预防心理危机的出现。

从"被动干预"到"主动预警"体现了高职院校心理危机干预工作的进步性，但是都存在滞后性的缺陷。积极心理学实现了从"被动干预"到"主动预警"再到"积极预防"的升级变革，工作场景从突发危机事件转移到了日常的积极心理教育中，工作对象从心理危机对象转移到了全体的大学生群体中，工作目标从危机状态的解除转移到了积极心理能量的塑造中，工作思路从及时预警和快速干预转移到事先预防和积极防控中。据此，本研究进一步提出了积极心理学视角下的大学生心理危机干预的框架设计和实施路径。

二、积极心理学视角下的大学生心理危机应对结构探索

不同于其他的心理危机干预模式，积极心理学视角下的大学生心理危机干预更加重视大学生自身对心理危机状态的积极应对、主动防范与正向抵御。心理学家勒温在社会行为的形成中提出了 B=f(P，E) 的模型，社会行为（behavior）是个体内在因素（Person）和社会环境（Environment）综合作用的结果。大学生的心理危机是其常规应对方式无法承受外在危机事件刺激时出现的心理紊乱状态，那么，大学生的心理危机积极干预模式就需要着力优化其内在的积极应对力量，还要在提供必要的外在支持的条件下重点提升其社会支持领悟能力和运用能力。

（一）内生力量

大学生心理危机应对的内生力量是大学生自身所具备的对抗心理危机压力时的心理资本。积极心理学认为，个体存在着消极和积极两种此消彼长的心理能量。当个体出现心理障碍时，既可以通过降低消极能量的方法直接解决心理危机，也可以通过建设积极心理能量来对冲心理危机的负面影响，并且后者具有更大的可能和更快的效能。大学生心理危机的内生力量主要包括积极归因风格、积极人格品质、积极能力品质和积极危机意识四部分。

1.积极认知风格

大学生在面对突发性应急事件时最先、最快起作用的便是其对危机事件的认知风格。认知风格不是根据事件的特殊性出现的具体化认知方式，而是一种自上而下的常规化稳定认知模式。换句话说，并不是危机事件决定了某个大学生会持有某种必然的消极认知，而是某个大学生的认知风格决定了他对危机事件的看法与评价。正如心理学家埃利斯的 ABC 理论所述，导致心理问题的不是客观事件本身，而是对客观事件的看法和评价，绝对化要求、过分概括化、糟糕至极等不合理信念是心理危机出现的重要预测变量。

相同的危机事件发生在不同的人身上会有不同的结果，其中起着调节作用的便是个体的认知风格。心理学家 Lyn Abramson 的研究表明，把消极事件归因为内在的、整体的、稳定的因素更容易导致抑郁等心理问题，而把消极事件归因为外在的、局部的、不稳定的因素则不容易发生心理问题，前者为抑郁型归因风格，后者为乐观型归因风格。积极心理学认为个体的认知风格、归因风格或解释风格是后天习得的，通过积极训练个体可以具备乐观型解释风格，这一内生积极力量将有效地降低心理危机的发生概率。

2.积极人格品质

已有研究表明，出现心理危机的大学生个体通常具有性格内向自卑、孤独冷漠、自尊水平较低等共性特征。这就说明人格是大学生心理危机的重要区分变量，积极人格品质在抵御心理风险上具有较大的优势。积极心理学非常强调积极人格品质在心理治疗和个体发展中的作用，甚至认为积极心理品质的发展就是个体发展的目标。

"乐观""希望"等积极人格品质能够帮助大学生在危机当中看到新生，激发转危为机的潜能；"友善""社交智慧""团队精神"等积极人格品质能够帮助大学生获取社会支持、增强协作能力，借力解决心理危机或走出现实困境；"坚韧""勇敢""热情"等积极人格品质能够帮助大学生增强心理弹性，直面突发应激事件带来的苦难。总之，积极人格品质有优势的大学生一方面能够降低心理危机易感性从而不易落入心理危机的困境中，另一方面也能够积蓄充分的积极心理能量从而克服心理危机。

3.积极能力品质

如果说人格和认知风格是大学生心理危机应对的恒定、被动资本，那么积极的能力品质是大学生积极应对心理危机的主动内生力量。能力是个体顺利完成某种任务的基本心理条件。心理危机的解除需要大学生凭借强大的挫折耐受力和灵活的心理调控力来实现。针对大学生常见的心理危机，有效的积极能力品质包括挫折耐受力、情绪调控力和幸福获取力。

第一，挫折耐受力。挫折耐受力是指个体在遭遇挫折时能够抗御心理压力，避免心理失衡和行为失常，走出心理困境的能力，也有研究把这一种能力称为心理韧性、心理弹性或心理逆商（Adversity Quotient）。挫折耐受力强的大学生能够在应激事件发生后依然保持生命的活力和生活的热情，积极从自身角度寻求问题解决方法以突破困境，而不是自怨自艾或者怨天尤人。

第二，情绪调控力。大学生的心理危机状态通常伴随着抑郁、焦虑、愤怒或恐惧等消极情绪状态甚至情绪崩溃状态。这就需要大学生具备认知调节、人际调节、宣泄调节等情绪调控手段和冥想、腹式呼吸、肌肉松弛、睡眠节律调节等放松减压方法，以此较早、较快地走出负面情绪的困境。

第三，幸福获取力。积极心理学视角下的心理危机应对策略不止步于危机状态的解除，而是从根本上增强大学生的幸福感来对冲已然存在的心理危机和预防可能出现的心理危机。这就需要大学生具备积极的幸福价值观和幸福获取力，一方面辩证地看待生命的价值和生活的意义，追求自我实现式的心理幸福；另一方面以豁达的态度接纳生命中必不可免的危难，并从中寻求"痛并快乐着"的幸福。

4.积极危机意识

除了积极的认知风格、人格品质和能力品质之外，积极心理学视角下的大学生心理危机应对还必然地包括大学生对心理危机的基本意识。积极的危机意识是有效调动积极认知风格、积极人格品质和积极能力品质的原动力。

首先，合理化对危机的认识。突发事件、意外事故均在正常的防范能力之外，具有不可控性。大学生的心理正处于自我同一性的延缓偿付期，具有矛盾性、脆弱性和不成熟性，再加上学习困难、考研（升本）失利、作弊被抓、失恋分手、求职失败等大学生危机事件时有发生，这就导致当代大学生的心理危机是一种常态，对自己可能出现的心理危机持有淡定、平和的心态。

其次，积极的危机求助意识。已有研究表明，不少身陷心理危机的大学生并没有一开始就寻求社会支持和外力帮助，甚至已经走到自杀边缘的一些大学生也没有向他人发出求救信号。尽管可以从"习得性无能为力理论"的层面理解遭遇心理危机的大学生已然丧失了求助的信心和效能，但是没有明确的求助意识确实让本来不会发生的悲剧重复上演，这就越发彰显出在日常心理教育中提升大学生心理危机求助意识的重要性和必要性。

（二）社会支持

积极心理学的三大研究领域包括积极心理品质、积极情绪体验和积极社会组织。前两者是大学生积极应对心理危机的内生力量，而积极社会组织会以外在支持的方式影响大学生对心理危机的应对效果。

1.社会支持的建设与重构

人是社会性的群居动物，社会支持对人的心理健康状态和心理问题解决起着至关重要的作用，尽管身陷心理危机中的大学生更多地要凭借内生力量来处理心理危机，但是撬动危机解决的支点或者起点确是社会支持系统的建设与重构。

第一，情感支持系统的建设与重构。大学生在应对心理危机时需要充分的情感支持和心理帮扶，学校心理咨询师、辅导员、班主任是重要的引导者和鼓励者，特别是家庭的支持和同辈的辅导在大学生心理危机康复中起到至关重要的作用。这就需要大学生一方面要建构合理的心理支持网络，另一方面要基于对自己情感支持网络的审视重构强有力的情感支持系统。

第二，赋能支持组织的建设与重构。教育、卫生、民政、政法、公安和团委等系统都是大学生心理危机干预的重要赋能机构、支持组织和干预力量。高职院校的心理危机干预要积极引入各种心理危机干预的有效力量，大学生要从多个层面、多个角度、多个系统中寻求现实问题的解决方法和心理危机的支持力量。

2.社会支持的领悟与运用

已有研究表明，身处心理危机中的大学生并不一定是缺乏社会支持的来源，而是他们未能感受到社会支持网络带来的正向支持，或者不能恰当地运用社会支持使之转化为心理支持。这就需要引导大学生积极地看待自己所拥有的社会资源和心理支持，充分地运用自己的积极社会支持网络。

相比社会支持的建构与重构，社会支持的领悟与运用是积极心理学视角下的心理危机干预模式更加重视的因素。一定程度上讲，某一大学生所拥有的社会支持网络的数量、性质和质量是一个既定的常量，很难短时间内实现质的变化，但是对社会支持的领悟与运用可以通过积极引导和积极训练实现显著优化。

综上所述，积极心理学视角下的心理危机应对结构应包括积极认知风格、积极人格品质、积极能力品质、积极危机意识等内生力量和社会支持的建设与重构、社会支持的领域与运用等社会支持，本质上实现了从以危机干预人员为主导的"救火员中心模式"到以心理危机干预对象为主导的"防疫者中心模式"的转变。

三、大学生心理危机工作的积极化路径

不同于传统的心理危机干预模式，积极心理学视角下的大学生心理危机工作更加重视心理危机的常态化预防工作，并且不只是刻板式地开展心理健康教育课程，而是以"积极心理学"为灵魂引领科学化、具体化的积极心理危机预防教育活动。同时，积极心理学视角下的心理危机干预工作也不再是"明知不可为"地去解决现实困难，也不只是单纯地解除或被动地接受当前的心理失衡状态，而是通过激发干预对象的积极潜能来长效、彻底地解决心理危机问题。

（一）积极心理危机预防

1. 以幸福为中心的生命教育

心理危机，特别是自杀等严重的心理危机威胁着大学生的生命健康安全。正如一位处于心理危机当中的大学生所言"我不怕死，但我怕活着""别说是追求幸福，活着对我来说已经是竭尽全力了"，这就意味着生命教育对预防心理危机有着极大的必要性。

以积极心理危机预防为目的的生命教育核心是让全体大学生意识到生命的价值、存在的意义，让大学生掌握幸福的能力、快乐的真谛。一些大学生认为幸福是远高于"活着"的生命层次，这根本上是降低了生命的意义且夸大了幸福的难度。事实上，生命的全部意义就是幸福，而幸福的条件只需要保证自己活着即可。儒家讲求以"仁"为核心的精神富足给自己带来的幸福，"一箪食，一瓢饮，在陋巷，人不堪其忧，回也不改其乐"，正是因为颜回可以在"仁、义、礼、智、信"中实现自己的人生价值，陋室中的温饱生活也无法击垮颜回的幸福状态。道家讲求以"无为"为核心的天人合一给自己带来的幸福，"祸福无门，唯人所召"，祸福得失是自然规律，喜怒哀乐是心理常态，看淡得失就是幸福的能力。当然看淡得失的"无为"不是避世、沉沦，如庄子所言"物物而不物于物"，追求成功、物质等外物并没有问题，但是不要沉迷于外物。

这就显示了一个人的幸福可以超然现实的得失忧患之上。

以幸福为中心的生命教育的重点不在于是否到达"或然"的幸福，而在于能否从"实然"的幸福出发，以乐观的态度审视生活，以豁达的态度应对失败，以幸福的态度享受生命。据此，本研究认为与其说幸福是一种状态或体验，不如说幸福是一种能力或观念，通过以幸福为中心的积极生命教育必然会优化大学生的幸福观，增强大学生的幸福力，最终体验到持续的、真实的幸福感。

2. 以逆商为中心的挫折教育

心理危机是个体的常规应对方式和既有心理资本无法抵御突发的、重大的心理应激事件的结果。这就需要积极心理学模式下的大学生心理危机预防工作要着力增强大学生应对突发应激事件时的积极心理资本。

大学生正处于自我同一性的心理延缓偿付期，有着较为旺盛的自我探索需求和较为沉重的人生发展任务，学业困难、就业困难、恋爱波动、社交障碍，包括家境悬殊等因素对大学生的心理考验不断普遍化、严峻化，再加上当代"00"后大学生独生子女的比例较高，普遍存在着挫折耐受力较弱的心理特点，这就导致当代大学生对心理危机事件的风险抵御能力不足。大学生的学业进步和人生发展不仅需要高超的智商和情商，逆商也成为大学生抵御心理危机、走出现实困境和应对人生考验的重要心理品质。

以逆商为中心的挫折教育一方面要完善大学生的积极应对方式，训练和践行"解决问题""求助""合理化"等成熟型的心理应对方式，避免和减少"退避""幻想""自责"等消极的心理应对方式。另一方面要增强大学生的心理韧性，强大的心理韧性来自一次次逆风翻盘的经历，来自一次次凤凰涅槃的过程，"艰难困苦，玉汝于成"，在挫折训练、事后复盘和积极反思中锻造坚韧的心理弹性挖掘积极的心理能量，不仅不怕困难，还能解决苦难；不仅不怕失败，还能从失败中汲取营养；不仅不怕危机，还能从危机中找到契机。

积极心理学视角下的心理危机预防工作实质就是心理危机相关的教育工作。但是需要指出的是：首先，积极心理危机教育并不是体现为心理危机的事后应对知识和技能的输出，而是体现在积极心理品质、积极情感体验和积极社群组织的心理资本建设上。其次，积极心理危机教育并不仅仅局限于心理健康教育课堂上，校园心理文化建设、心理拓展训练、团体心理辅导和社会实践锻炼才是更加有效的教育方式。

（二）积极心理危机干预

危机事件的突发性和个别大学生积极心理资本的脆弱性，使得心理危机的存在成为一种必然的常态。不同于其他心理危机干预模式，积极心理危机干预模式更加重视危机干预对象本身的力量和危机干预的长效作用。

1. 基于积极心理品质测查的心理潜能激发

大学生心理危机干预是一项个性化的心理个案工作。不同的个案应该采用不同的应对策略。积极心理危机干预模式的个性化策略依据不是触发事件的个性化差异，而是干预对象在积极心理品质上的个性化区别。这是因为，积极心理学视角下的心理危机干预模式认为，解除心理危机的根本力量和长效力量是危机干预对象自身，能够激发大学生自身的心理抵御能力和心理康复能力才是解决心理危机的最短捷径和最终归宿。

塞里格曼等人研发的"积极心理品质量表"和孟万金等人编制的"大学生积极心理品质问卷"都可以作为了解危机干预对象积极心理品质的重要手段。基于大学生危机干预对象积极心理品质的客观、量化解读，积极心理危机干预重点，在于激发和引导干预对象运用既有的积极心理品质来抵御心理危机事件造成的心理失衡，开辟新的建设性活动来积极化心理基本面。

2. 基于积极心理支持建构的心理资本聚力

不同于常规心理咨询，大学生心理危机干预面对的问题更加严重，同时对问题解决的时效性要求更高，必须借助于相关联的社会支持力量来促进心理危机状态的尽快解除。特别是在积极心理学视角下的心理危机干预模型看来，积极心理支持的建设不仅是解决问题的方法，更是危机干预的长效目标。

具体而言，大学生的积极心理危机干预模式首先要为身处心理危机的大学生提供必要的社会支持和心理支持，支持、鼓励大学生形成稳定的心理抗逆效能感和心理成长自信心，启发、引导大学生找到问题解决的创新性路径；其次，帮助大学生构建和评估社会支持网络的来源、数量、质量和有效性，特别注重家庭、同学、好友等社会支持的领域与运用。但是这不等同于一般意义上的社会支持，需要基于积极心理组织相关理论评估当前的干预对象的人际网络的效价，有的时候父母、舍友并不一定是积极的心理支持来源。总之，通过积极心理支持网络的建构、评估和重构等工作，聚合成为大学生对抗心理危机、预防心理危机再次发生的心理资本。

第四节　大学生心理危机干预体系

大学生心理健康教育是思想政治教育的重要组成部分，是一项专业性较强的助人工作。大学的心理危机事件不是孤立的事件，已成为具有一定代表性和典型性的社会问题。建构科学、有效的心理危机干预体系至关重要。本节从危机干预的角度出发，对建构大学生心理危机干预体系提出了建议。

我国经济正在高速发展，大学生的价值观也变得越来越多元化，但是大学生也面临着很多挫折和压力的挑战，很多大学生在这个阶段容易陷入心理危机当中，从而出现较为严重的过激行为，这不仅会威胁到当事人的生命安全，同时会影响到家庭、校园和社会的稳定。心理危机是由于某些因素所诱发的心理状态失调的情况，为了提升大学生的心理素质，进一步促进校园及社会的安全稳定，高职院校采取合理而有效的手段对大学生心理危机进行预防及干预是极为关键的。

一、大学生心理危机与心理危机干预

（一）心理危机与心理危机干预概述

我国学者在进行心理危机的相关研究时，对心理危机的概念通常采用美国心理学家 G.Caplan 的观点：心理危机是一种暂时性的心理失衡状态，其产生往往源自某个或者某些困难的情境，此情境是心理危机出现者当下没有足够能力应对的，这种令其感到困难的情景导致心理困扰的出现并形成心理危机。

心理危机干预是一个短期的过程，此过程是为那些经历过心理危机以及正在面临心理危机的人提供支持，帮助其能够更快地恢复到心理平衡状态。危机干预是以简短的心理治疗为基础进一步发展而形成的治疗方法，能够有效地解决心理危机的问题。心理危机干预主要是在发生严重的突发事件之后，针对面临心理危机的大学生采取快速、高效的应急方式对其进行干预，采用较为合理的方法对应急事件进行处理，从而使其渡过危机，帮助其逐渐恢复到心理平衡状态。

（二）大学生心理危机的研究现状

目前，人们对于大学生心理危机的认识仍然不够全面，有些文章当中甚至会出现一定的误解，因此对其进行正确的认识和界定是极为关键的。在国内学者对大学生心理危机的系列研究中，关于大学生心理危机概念的界定较少，其中比较有代表性的有：邵昌玉提出大学生心理危机主要是指高职院校学生运用寻常应付方式不能处理，由于无法克服心理冲突或外部刺激而对所遇到的内外部应激事件所发生的一种反应；高留才认为心理危机是指当大学生受到一些突发事件或面对的困难情境超过了他解决此类问题的能力时而产生的暂时的心理困惑。

二、当前大学生心理危机干预存在的主要问题

（一）心理危机识别不精准

目前，我国高职院校对心理危机的干预意识不强，仍未形成危机精准识别的干预机制。大学生心理危机出现的原因复杂，学业问题、经济问题、家庭环境、生活事件、个性心理等因素均会影响大学生的心理健康，情况严重的甚至会引发心理问题产生心理危机。大学生的心理危机具有隐匿性、变化性和反复性，其自身难以察觉，同时，

我国高职院校在处理大学生心理危机时也存在着经验不足等问题，这导致大学生的心理危机难以被准确识别。

此外，我国高职院校的心理健康工作者的能力培养体系并不完善，这导致了部分心理健康工作者对心理危机干预专业知识了解不够深入，专业化标准尚且未达标。同时，这也与高职院校辅导员的专业背景相关。在我国目前的高职院校辅导员专业背景中，教育学、心理学、思想政治学等相关专业出身的辅导员比例不高。然而具备教育学、心理学、法学、社会学、思想政治学等社会科学的知识却是准确高效地应对和处理学生心理突发事件的基本条件。虽然有些高职院校采取了变通的办法，会求助于专业机构来处理大学生心理危机事件，从而弥补专业性不足的缺憾，但无法在第一时间化解心理危机，错失了消除危机的最佳时机。

（二）心理危机干预模式僵化

在大学生的心理危机干预中，通常倾向于采用自外而内的单向干预模式。通常个体在遭遇了一些主观感受超过其承受能力且仅凭个人力量已无法实现心理平衡的事情时，必须通过外界的介入，才能使其有进一步的调整。这种外界主导的单向干预，在一定程度上是较为合理的，但个体的长期消极被动导致其主观能动性的压抑这一局限性也不容忽视。

马克思主义哲学的辩证法告诉我们，任何事物都是内外因素相辅相成的结果，内因决定事物发展方向，是根本；外因促进事物变化，并通过内因对其进行作用。所以我们对于大学生心理的危机干预，除了重视外部导向的模式，也应该通过个体自身的潜能来进行调动，从而使其心理平衡得到进一步的恢复。在内外并行的新型模式处理下，大学生的危机个体有着较为动态的特点，个体对于危机的应对潜力被激活与唤醒，主观上克服危机的积极性被提高，从而能更有效地使用外界的支持和帮助，共同战胜心理危机。

（三）心理危机干预力量单一

在进行大学生心理危机干预时，干预主体存在着单一化的问题。大学生远离家庭，尚未步入社会，在大学校园内进行生活，学校应当承担问题学生的心理危机干预责任，一旦出现心理危机，学校就会及时采用预案来介入，为防止危机事件发生赢得了宝贵的时间。但家庭和社会却在干预过程中地位缺失，其作用没有得到充分的体现。这种割裂了学生和家庭、社会之间的关系，把整体的问题只是放在学校这个层面来进行考虑，没有全面地探讨大学生心理危机的复杂性，使得问题简单化的状况势必会影响干预成效。

大学生心理问题的产生受到多种因素的影响，家庭因素是其中非常重要的一方面。很多危机的诱发因素在于家庭，比如经济的问题、父母离异等方面。因此，家庭对孩子心理健康的主要作用和当前家庭干预心理危机的缺失形成的反差值得关注。同时由于大学生还没有走向社会，和社会的联系是较弱的，但是社会上有着较为丰富的危机干预资源，比如说专业的心理辅导以及较为先进的医疗条件等，在这种情况之下，学校需要将出现心理危机的学生转介到专业的医疗机构对其进行诊治。

三、大学生心理危机干预体系建构

（一）建立心理危机反馈识别系统

高职院校为了有效地帮助出现心理危机的学生化解危机，需要构建快速、高效的反馈识别系统，以在学生出现心理危机时能够及时干预、稳定情绪，帮助学生走出当下困境。

建立心理危机反馈识别系统首先要做好细致的行为观察。行为观察主要是指辅导员、班主任、心理委员、班干部等，要在日常生活中细致入微地观察学生的行为，掌握学生的基本情况，以便及时发现问题、尽早进行干预，防止事态恶化升级。辅导员、班主任需要经常性地走访学生宿舍、开展谈心谈话、深入学生课堂，充分发挥学生骨干的作用，及时了解学生的日常状态和心理变化。其中，有下列问题的学生为重点筛查对象，晚点名未假外出、去向不明的，早操、课堂、宿舍违纪的，人际关系紧张的，课程不及格的，学籍异动的，感情受挫的，家庭变故的，有突发事件的等。上述行为问题是心理危机产生的必要不充分条件。要对辅导员、班主任、心理委员、班干部等开展针对性的专题培训，增强发现和识别心理危机的能力。

其次，要做好大学生心理测评工作。从新生入学开始，要定期对所有学生开展心理普查，建立学生心理健康档案动态数据库，在此基础上对心理危机高发的学生进行准确摸排、分级管理、重点关注。通过心理测评和分级关注，一方面可以帮助学生形成重视心理健康的观念，另一方面可以让高职院校心理健康教育工作者实时掌握学生心理动态，及时发现心理危机的诱因，提前预防、化解危机事件，最大限度地降低危机发生率。

最后，高职院校要加强与学生家长的沟通交流，将学生的心理健康状况及时反馈给家长，保障信息反馈畅通无阻。在新生入学时，让每一名学生填写新生档案卡，收集学生的家庭地址、家庭主要成员信息、家长联系方式等，为家校信息互通打下基础。在新生报到期间，通过组织召开新生家长会、建立年级家长 QQ 群和微信群等方式，向家长和学生灌输学生的健康成长离不开家庭支持的观念。在此基础上，定期与家长交流学生的心理健康状况，做好家长的心理工作，帮助家长准确了解孩子的心理状态。当学生陷入心理危机时，第一时间联络家长并做好沟通协调工作，共同为处于心理危机中学生提供支持和帮助，并及时让有需要的孩子进行转介，尽早接受专业治疗。

（二）心理危机干预要多措并举

要做好大学生的心理危机干预工作，提升高职院校心理健康教育工作者的专业技术水平是重中之重。大学生心理危机干预工作是一项专业性较强的工作，仅凭工作热情是难以妥善处理的。因此，要想更好地适应高职院校心理危机干预工作的要求，提高心理健康教育工作团队的综合素质，对其开展专业培训是十分必要的。

此外，要普及心理健康的专业知识，引导学生学会主动寻求帮助，提升大学生面对心理危机时的应对能力，并在有需要的时候主动接受专业的咨询或治疗。定期邀请心理学专家为大学生普及心理危机应对的基本知识，以专题讲座、心理健康知识培训、座谈交流会等形式定期普及心理健康教育的知识。同时，还要结合学生的实际情况，引导学生发挥自助、助人的功能。高职院校要依托心理健康教育中心、学生组织多渠道、多载体、多形式地开展系列教育活动，帮助学生更好地融入大学生活，增强了学生的心理健康意识，为开展心理危机干预工作奠定良好的基础。

在进行心理危机干预时要进行双向干预，既要自外而内又要自内而外，要将解决实际问题与解决心理问题相结合。比如，有的学生出现了挂科、违纪等问题，真有很大的可能性与其心理问题相关，心理健康教育工作者一定要在处理问题的同时尽可能深度挖掘发生问题的原因，抓住每一个可能了解学生心理问题的契机，进一步预防心理危机。

（三）心理危机干预要多方联动

高职院校在进行大学生心理危机干预时，心理健康教育中心教师、辅导员、班主任、心理委员、班干部、党员等往往是中坚力量，但是心理危机干预是个复杂、系统化的工作，干预效果却时常不尽如人意。这是因为许多高职院校在进行危机干预时，仅仅依托于学校内部资源，而心理危机干预不仅仅与大学生的健康成长息息相关，同时也是关系到学生家庭和谐、学校及社会安全稳定的重要工作，因此，高职院校在充分利用学校内部资源的同时，还需要借助来自学生家庭以及社会环境的资源和支持。

高职院校应该以学校的内部资源为基础，充分利用家庭与社会的支持力量，将危机干预工作与学校、家庭、社会三者关联起来，构建起学校—家庭—社会三方合力、三位一体的大学生心理危机干预体系。在这样一个三位一体的危机干预体系中，心理健康教育中心教师、辅导员、班主任、心理委员、班干部、党员等的协同作用能得到充分的发挥，家庭和社会的资源被积极地调动，成为辅助学校开展相关工作的强大支撑力。当大学生出现心理危机的时候，学校应当立即采用应急预案，在对危机学生进行干预的同时，尽快联系学生家长到校配合开展相关工作。而一旦发现危机程度超出了学校、家长干预能力的范围时，就应该及时转介，借助社会专业心理机构的力量。在危机学生接受治疗期间，学校应与专业机构保持联系，了解治疗进展情况。在危机后干预阶段，也需要保持良好互动，使危机学生恢复心理平衡。在这一过程中，保持畅通的交流与沟通是危机能够得到顺利解决的重要条件，而学校在其中所扮演的角色是非常重要的，既是信息的传递者，又是整个事情的监督者。家长应与学校保持沟通，如实反馈相关信息。学校、家庭和专业机构一方面各司其职，另一方面三方应保持畅通的交流与沟通，形成合力，做到信息及时透明共享、相互补充，在对学生进行心理危机干预时能够做到井然有序、多方联动，共同帮助问题学生走出困境。

大学生心理危机干预是大学生心理健康教育工作中至为重要的一部分，它与大学生的健康成长息息相关，并且关系到国家和社会的和谐稳定，我们应当寻找经验，通过较为科学的方案来对其进行处理，充分发挥心理危机的干预作用，充分调动家庭和社会的资源，家校互通，在社会系统的辅助下，构建完整的危机干预生态体系。

一方面，学校应该加强和家长的沟通，对于家庭心理教育的作用进行进一步的发挥，向家长传输新的教育理念和心理危机的干预模式，使得心理存在危机的学生能够获得家庭的理解和支持。同时，需要对学生家长进行系统的培训，最后，当学生面临心理危机时，需要充分发挥家庭的作用，帮助面临危机的学生得到家庭的支持，使其能够坚定地渡过危机。

另一方面，要充分调动社会系统的资源。社会系统可以有效地协调个体、学校、家庭之间的关系，达到系统间的互动、互助发展。目前，我国的社会教育系统的建设工作才刚刚起步，运转过程中的系统性仍有不足。因此，建立以高职院校和家庭为基础，以医疗单位、专业预防救援机构为辅助的大学生心理危机干预体系，进一步提升对心理危机大学生干预和帮助的及时性和有效性，将是我们继续努力的方向。

第五节　价值观与大学生心理危机

一个人的行为是以价值观为基础的，大学生的心理危机主要是因为价值观冲突引起的，为了建立良好的心理危机防御体系，就需要确立健康的价值观。基于此，本节对文化视角下大学生心理危机干预研究进行探讨。

价值观指的是一个人对四周客观事物重要性的看法和评价，直接决定了一个人的人生态度、从什么样的角度去了解社会以及从什么样的角度去对自身的行为进行规范。大学生由于自身的身心发展还不够成熟，面对复杂的社会，大学生的价值观很容易和现实社会产生冲突，进而引发心理危机。因此，从文化的角度对这些问题进行审视非常的重要，不仅可以更好地进一步对已经存在的心理危机干预理论进行拓展和延伸，还可以建立良好的心理防御体系，提高大学生的心理危机干预实效性。

一、大学生心理危机干预过程中需要重视的价值观因素

（一）导致价值观冲突的主要原因

价值观是人们用来对事物进行指导和评价的一种心理倾向系统，是指导人们活动的精神力量和驱动力，人们的行为也都是在价值观的支配下开展的，在社会的转型时期，各种评价标准和价值观念越来越多元化，人们经常需要面对各种斗争和冲突，在社会转型期的人们由于失去了基本的价值标准，内心深处就会感到无所适从，感到矛盾，对未来失去信心。用来安身立命的原则就产生了动摇，行为的合理性丧失，出现尺度混乱、是非颠倒的情况，在行动时，缺乏方向感，失去了理想的根基，面对复杂的社会，充满迷茫。作为一个特殊的群体，大学生的自我意识和身心发展正在由矛盾和分化走向统一，是人格建立和发展的关键时期，受价值观的影响比较大。在各种价值观相互交织、相互转型的世界中，社会矛盾越来越明显，对于大学生来说，由于社会阅历比较浅，很多青年大学生出现了抉择方向、数据失准，认同失标的情况，在心理上出现了失态和失衡，再加上现在很多大学生都是独生子女，成长环境比较舒适、安逸，缺乏意志力，耐挫能力和社会适应能力不高，经常会以自我为中心，存在比较严重的叛逆心理，对于不同的问题，存在不同程度的认知偏差，部分人在遇到挫折和困难时，很容易产生沮丧、无助等消极情绪，如果不对其进行积极的引导，就会使其对未来感到茫然，价值理想、价值信仰和价值评价方面也会产生困惑和迷茫。当自身的价值观和生活经验不能解释遇到的困难时，就会产生心理方面的危机，如果价值观教育也缺乏正确性，就会进一步导致个体出现认知和人格方面的偏差，在遇到情境性危机和苦难挫折时，没有信念支撑，缺乏面对压力、解决压力的方法，进而产生心理方面的危机。

（二）要将价值观引导作为心理干预的重点

危机干预指的是帮助危机中的家庭或者个人的一项技术，通过将个人潜能激发出来，使其心理恢复到一种平衡的状态，简单地说，就是让处于危机中的人，心理恢复到一种平衡的状态，当前，我国高职院校在心理危机的干预方面提供了很多的方法和策略，并且已经取得了比较大的发展，但是总的来说，还缺乏危机干预意识，相关的经验也比较缺乏，没有合理地对价值干预手段进行引导和分析，从而使价值观得到重塑，使其具有防御心理危机的能力，在心理上进行自我调节和自我控制。过去在对大学生群体进行心理干预时，都是在出现心理危机后进行的，这个时候心理危机已经出现，没有在萌芽状态将心理危机消除，而通过价值观构件引导的心理危机干预系统，是通过对大学生进行引导，然后让其树立正确的价值观，让大学生产生心理危机的抵抗力。此外，传统的干预系统，都是使用一套全面、详细的指标体系评定大学生的心

理危机，由于看待问题的角度和认识度存在差异化，导致相同的心理危机会产生不同的判断，不能更加系统、全面地分析遇到的危机问题，而心理危机的消除，需要通过当事人不断地进行自我摆脱、自我调节，专业人员只需要根据当事人的实际情况给予帮助和指导，扮演着辅助者的角色，专业人员根据当事人的偏差采取合理的治疗措施，通过对其进行合理的引导，使其树立正确的价值观，让其可以在心理方面产生防御性，在遇到心理危机时，可以进行自我调节和控制，从而达到解决心理危机的目的。

（三）建立正确的价值观

一个正确的价值观是引导学生建立心理危机防御系统的重要环节，在提高学生心理健康水平、降低学生心理危机方面非常重要，通过对大学生的价值观进行正确的引导，使其建立解决危机的对应机制，具有完善的个体人格，从而建立顽固的心理防御系统，这是防止个体心理出现危机的一种有效措施。可以从根本上防止和降低心理危机的出现，在提升大学生心理素质、培养健康人格、降低心理危机方面具有重要意义。

一般情况下，大学生的抗拒心理和刺激的承受心理是心理危机形成的主要原因，而心理抗拒力量和承受力量的大小又和大学生心理活动的动力结构系统有密切的联系，作为一个人格的关键部分，大学生的价值观和人生观是组成动力结构的关键，发挥着调解危机和化解危机的作用，而人格教育重点是引导大学生做一个什么类型的人，通过对大学的价值观进行引导，让大学生具有坚定的价值观和人生信仰，具有良好的责任心，可以将社会利益和自身利益紧密地结合起来，将社会利益放于自身利益上，实现自我价值。在情感方面更加成熟、稳定和乐观，在个体认知方面具有良好的自尊心、自信心和自制力，在意志方面可以更加果断、坚强和自立。在人格方面具有远大的抱负和责任心，具有乐观向上的人生态度，不断努力追求自己的梦想。不难想象，一个热爱生活的个体，越是执着地追求自己的人生，生活也就会变得更加充实，思维会更加的深刻，思想境界也会提高，情绪会越来越稳定，对社会的认知也会更加敏锐，个体在具备健全的人格后，就会具有良好的心理状态，心理危机出现的可能性就会降低。此外，对于个人来说，一生中遇到挫折和困难是正常的，可能会出现短暂的心理失衡，而通过将个体的价值观内化，可以帮助个体从危机状态脱离出来，实现心理危机的自救，铸造出抵御刺激和抗击压力的人格盾牌。

二、价值观对心理危机进行干预的方法

作为一个系统复杂的过程，价值是在一个特定的环境中，个体在自我意识、自我需求和经验影响的作用下形成的，这些因素的差异性导致个体的价值观也存在比较大的差异化，作为心理构建的基础，价值观主要通过意志力、影响态度、认知方式等方法对心理造成干预。首先，价值观会通过影响态度的方式来对心理危机进行干预，对

个体对危机的认识造成影响，可以让人主动进入客观事物的认识和选择中，不同的个体面对事物时的态度也会有比较大的差异，会导致个体产生不同的情绪，所以，态度的差异会使个体在面对危机时，产生不同的认识，并影响个体心理危机的形成。

其次，价值观通过意志力来对心理危机造成干预，对个体面对危机时心理的承受能力造成影响，由于困难和心理危机是共同存在的，个体意志力的强弱直接对个体抵御外界压力的能力造成影响。最后，价值观会利用认知来对人的心理危机进行干预。个体生活过程中，表现出来的举止、行为爱好、对客观事物态度的差异性等，除了受到客观条件的限制以外，还和自身的价值观有直接的影响，在追求某些事物时，人们往往会选择和自身价值观念相符合的一些东西，对于和自身价值观冲突的东西，一般会选择放弃，也就是说，人总是做一些对自己具有意义和价值的事情，所以，人的个体价值取向，会直接对人的道德标准、行为举止和人生目标造成影响，而且会对人的心理危机发展方向造成影响。

三、文化视角下大学生心理危机干预的措施

为了对大学生心理危机干预的有效性进行提升，就需要开展大学生心理健康教育，提高大学生的心理素质和内在修养，加大大学生的文化教育力度，多向大学生灌输正确的价值观念，使大学生可以正确认识人生的价值，不仅可以提高大学生的心理抗压能力，而且可以提高大学生抵御外界压力的能力。

在开展教育工作时，高职院校心理教育工作人员，要让大学生树立正确的文化观念，使大学生可以更加客观、理性地看待事物，对自身的行为进行规范。在对心理危机进行干预时，要把价值体系的树立作为重点，遇到个体经验和现实生活经验不一致的情况时，个体就会产生焦虑的情绪，如果大学生具有良好的价值观体系，就会对这些外在的因素进行自动抵御，可以更加理性地面对外来的因素。在社会经济的发展下，大学生在生活的过程中，会受到权力、金钱、物质等方面的诱惑，逐渐将自己所肩负的使命和理想抛弃，生命的真实意义也逐渐被淡化，价值观发生了扭曲，作为培养高素质人才的重要场所，高职院校要肩负起人才培养的重要使命，要将自身的教育功能充分发挥出来，对大学生的精神生活进行正确的引导，使大学生树立正确的价值观和人生观，如此在生活的过程中，当大学生遇到冲突和矛盾的时候，可以更加理性地控制自身的行为和思想，对自身的价值观念进行规范，此外，这种方法可以更好地帮助大学生解决心理危机预防过程中遇到的问题。

其次，在教育的过程中，大学生心理教学要将心理健康教育作为理论基础，将新的教学理念体现出来。在实际教育过程中，由于各种方面的因素，限制了社会的发展，导致人们普遍认为心理健康教育只是为了将存在的心理问题找出来并进行教育，这种

教育方式不仅不会减轻学生的心理负担，而且还会对学生的心理健康造成影响，产生心理上的负担。除此之外，大学生心理教育主要是集中在负面情绪的消除和心理障碍的消除，很多学生都不知道怎样培养自身的积极性，所以，在开展心理健康教育时，要使用科学的方法对个体教育的价值进行研究，将个体的潜力充分挖掘出来，让学生树立良好的自信心，使学生找到可以快乐生活的方法，在提高学生心理教育、解除学生心理危机方面具有重要意义。

总而言之，大学生心理危机干预是大学生心理健康教育工作的一个重要课题，从文化角度对大学生的心理问题和心理危机进行探讨，可以有效地对大学生的心理健康范畴进行拓宽，提高大学生的危机心理健康理论范围，增强大学生心理干预的实效性。在教育的过程中，高职院校心理健康工作人员要对自身的观念进行更新，提高对价值观的重视力度，将文化教育对心理危机的干预作用充分发挥出来，使学生身心更加健康。

第四章　高职大学生的心理发展

第一节　心理发展概述

现如今，人们热衷于将出生于不同年代的、具有鲜明个性特征的人群贴上"XX"后的标签，而在其中，"90"后是最早引起社会广泛热议的一代，他们的一举一动、一言一行更是时时刻刻被社会所关注，他们的一切似乎就是90年代的标榜和象征。而正当社会对于"90"后"评头论足"的热潮还未完全散去，"00"后已正式"诺曼底登陆"，进入了大学校园。对"90"后、"00"后这两代学生的出现，不仅引起社会的广泛关注，更是让教育行业的工作者"牵肠挂肚"，他们鲜明的个性特征似乎正是这个新时代背景下最具划时代色彩的产物，而他们具有怎样的心理特点，也值得学校教育工作者进行深入研究和思考。作为专业的学校心理健康教育工作者和研究人员，只有准确把握新时代背景下大学生心理特点的发展趋势和发展命脉，与历史经验相佐证，与个性特征相结合，才能做好学校心理健康教育的建设工作，从而更好地为学生服务。

一、"90"后大学生的心理特点

（一）行为特点

张宝君认为，"90"后大学生在行为上表现出很高的自主性，他们渴望独立也表现得过早成熟，但实际上他们依赖心理强，假性成熟。"90"后的这种行为特征与家庭因素有着紧密的联系。"90"后大学生的父母大多出生于"60"、"70"年代，经受过新中国刚成立时的艰难困苦、体验过社会发展初期难以度日的辛酸，加之中国国情的特征之一就是重视血脉关系，因此父母对于孩子的溺爱本就难以抑制，加上父母年轻时受过的各种苦难，使得父母希望把最好的都给孩子，不希望孩子去经历他们曾经受过的苦难。但与此同时，父母的思想仍然较为封建固执，停留在自己成长经历中的年代，因此与"90"后这一代的思想一旦交织，易发生各种难以调和的碰撞，这就使"90"后大学生极度想要摆脱家庭对于他们的束缚和掌控，想要获得自由，但由于长时间依赖于父母的悉心照料，因此难以具有真正独立自主的能力，并没有达到真正意义上的成熟。除此之外，"90"后一代的学生大多是独生子女，因此对于同龄人之间的人际关系认知并不充分。由于从小受到家庭成员的溺爱，易形成以自我为中心的主观意识，使得在校园环境中也习惯于显露个人，凡事优先考虑自己，难以有效地进行团结协作。

（二）情感特点

"90"后大学生在情感上普遍具有外冷内热的特征，在公众场合羞于表达自己的真实想法，使得他们所表现出的一面和内在真实的一面相差甚远。在这一特点上最直接的印证就是大学课堂里常见的"课堂冷漠"。课堂冷漠主要表现为明伤暗伤两个方面，明伤是指逃课现象，而暗伤则是指学生虽然在课堂上听讲，但实际上对教师不予理睬，冷眼旁观教师一个人的"表演"，在教学过程中不给予任何互动和反馈，只顾做自己感兴趣的事，经常使新老教师尴尬不已。事实上，不仅是课堂上出现的冷漠，"90"后大学生对于校园之外的日常生活也处处表现冷漠，如频频发生的高职院校学生高铁霸座、公交车上不给老弱病残让座等各种事件，也体现出当代大学生的道德冷漠。而以上的一切很可能是来自"90"后大学生的逆反和从众心理。大学生正处于青少年时期，逆反心理相较于其他年龄段则表现得异常突出，他们可能会因为不满学校的管理，或是仅仅想要引起公众关注，因而做出一些一反常态的行为。而这种群体性的沉默则可能是因为大学生的从众心理。社会心理学家阿希认为，个体受群体压力的影响，在知觉、判断、信仰以及行为上表现出与群体大多数成员相一致的现象。因此，当大多数人都选择沉默，选择用冷漠的外表掩盖内心的热忱时，便时常出现集体冷漠的现象。

（三）思维特点

由于"90"后大学生处于信息大爆炸的时代，能够接收到来自全球各地的各式各样参差不齐的信息内容，因此即便是对知识研究的深度不够，也都具有一定领域和范围上的广度，因此在思维上是积极活跃、易于推陈出新的。"90"后较于"70"后、"80"后有着更加灵活敏捷的思维能力，易于接受新鲜事物，有着天马行空的想象力，因此也易于创新。但因为这种信息量的接受过于浅显，对于事物没有深入的思考，因此难以透过现象看本质，容易形成什么都会却学而不精的特点。

（四）认知特点

正如前文中所说的，"90"后大学生每天通过网上社交媒体等各种线上渠道接收到各式各样的海量信息，使得他们什么都会却学而不精，因此对于事物的认知也不够充分和深刻，难以从辩证的角度来看待一切事物。"90"后大学生通常疾恶如仇、黑白分明，却容易善恶不分。过少的社会经历和磨难使得他们单纯得如同一张白纸，对于世间事物自认为有着自己独到的见解，但这种见解未必是正确的。除此之外，他们在认知上还具有明显的功利倾向，这使他们的价值观、世界观容易发生偏差，从而趋利避害，以自我为中心。

二、"00"后大学生的心理特点

"00"后大学生在行为特点、情感特点、思维特点、认知特点上似乎是"90"后大学生的"进阶版本",自身的优缺点及特点相较于"90"后而言极其相似并且更加突出,这可能就极大地印证了当前时代背景下,大学生心理发展的一种趋势和动向。

"00"后大学生除了在行为、情感、思维、认知上与"90"后相似并且特点更加鲜明外,还有以下三个鲜明特点:

(一)适应能力不足

"00"后大学生普遍为独生子女,在社会环境及家庭环境无法改变的现状下,造成了他们缺乏独立自主能力的特征。不仅如此,还因社会普遍倡导"起跑线""分数至上"等错误的价值观念,使得家长和学生都为之行动,把学习成绩作为衡量学生的唯一标准,使得学生在道德品质和自理能力的培养上都有所疏忽。

(二)社会交往能力不足

与"90"后一代不同的是,"00"后一代自出生开始,就有了丰富的多媒体、网络资源,各种花样玩法层出不穷,两三岁的孩子还在咿呀学语时平板电脑就操作得十分熟练乃是常态。因此"00"后大学生的"低头一族"相较于"90"后更加突出。并且,由于"00"后出生就拥有了得天独厚的各种资源,享受着社会快速发展带来的丰厚果实,因此难免滋生一种与生俱来的优越感和伪成人感,容易沉迷于自己的世界里无法自拔,难以与同龄伙伴建立友谊,从而发展人际关系。

(三)认知能力不足

由于"00"后是坐享其成的一代,也是备受家长溺爱的一代,因此缺乏一种居安思危的意识。除此以外,由于"00"后大学生在建立自身价值观、世界观、人生观的过程中,每天都能够接收到各式各样的信息,这会对他们产生或好或坏的影响,而这种影响是无法预估或真正控制的。在笔者看来,"00"后普遍对于新鲜事物过分接受,并将这种乐于接受新鲜事物的态度当作一种原则和底线,或者可以称为一种"本分",因为他们时刻都想要彰显和标榜自己的个性特征,因此这种毫无原则的接受可能会带来不可想象的后果。

三、新时代大学生心理健康教育的对策

(一)社会方面

为响应国家 22 部委联合发布的《关于加强心理健康服务的指导意见》,社会体系中的相关部门应采取措施,加强心理健康服务,健全社会心理健康服务体系,从而改

善公众心理健康水平，促进社会心态稳定、人际和谐，提升公众幸福感，为新时代大学生提供一个良好健康的社会公共环境，使得社会环境的软文化时刻潜移默化地影响着当代学生。社会有关部门不仅要重视心理危机中的人群和精神病患者，还要关注有心理行为问题困扰和心理疾病的人群以及心理健康人群，实现心理健康服务的三级预防全覆盖。除此以外，还应当加强心理健康教育专业人才队伍的建设，严格把控从业资格的相关考试及证书等，完善学科制度和人才培养，加强规范管理，重视教育工作者的实践操作技能。与此同时，还要不断加强组织领导和工作保障，对心理健康工作者给予人才奖励制度。在这样的大环境下，可以充分利用新时代大学生的从众心理，让他们在公众氛围的感召下紧跟时代潮流，重视心理健康。

（二）学校方面

一方面，学校管理层应当重视心理健康教育这门学科，重视教师职责，给予教师一定的空间去实施自己的教学计划，而不是为了学校的教学指标或其他功利目的而让这个学科名存实亡；也不可将这门学科与政治、思想品德等课程混为一谈，或将其他学科、职务的老师作为兼职的心理健康老师，而是应该专职这项工作，并将传授相关知识的活动投入课堂当中。不仅如此，学校还应该意识到学生的个体差异，意识到当代学生的个性特征，让学生能够有一个更加宽松、自由、体验式的教学模式，这也更加符合心理健康教育这门学科本身的教学目的和原则。学校还应当增加奖励制度，鼓励教师推陈出新，加强对学科学术上的研究，鼓励教师取得科研成果，从而推动该学科更加长远且更具科学性的发展。

另一方面，学校里的心理健康教师应当采取更加丰富多彩的教学方式方法，而不再是一味地照本宣科传授知识，可以将许多心理学中如倾听、干预等多种技术应用于教学活动中，还可开展网络心理健康教育、心理测试等。如今的心理健康教育不再是学校中一门可有可无的课程，而是成为国家重视、社会支持的课程，因此对于教师的要求也相对较高，需要教师具有较强的创新能力，不再局限于既有的教学模式，教学内容能够结合学生的个性特征，充分吸引学生的注意力和兴趣，挖掘学生的无限潜力，使学生能够充分发挥其主观能动性进行学习，可以充分利用多媒体、网络等多种先进手段和技术辅助教学。此外，教师还可以组织学生举办心理健康教育相关的活动、比赛，使学生能够在活动中充分认识自我、结交朋友、提升各方面的能力，从而健全发展自我。

（三）家庭方面

当代大学生的心理特征不仅仅与他们自身相关，也与他们从小成长的环境不可分割。作为家长，应紧密配合学校的心理健康教育工作，能够充分认识到当前社会发展所面临的需要，充分认识到自身对于孩子教育方法和观念的不足，也真正地认识并了解自己孩子的心理发展特征，从而逐渐改善对孩子的教养模式。不仅如此，家长本身的心理健康水平也是社会心理健康服务体系所密切关注的，只有家长的身心是健康的，才能够给孩子带来正面的、积极的影响。因此家长也应当重视自己的心理健康水平，积极学习和了解心理健康的相关知识，改变以往对心理健康不正确的看法和态度。

随着习近平总书记在十八届五中全会和全国卫生与健康大会上提出的关于加强心理健康服务的要求，心理健康越来越受到社会的关注和公众的重视，而22部委《关于加强心理健康服务的指导意见》和10部委《全国社会心理服务体系建设试点工作方案通知》的发布，也预示着心理健康教育行业将走向更加专业化、科学化的道路。因此，要想做好心理健康教育工作，就应该紧密联系新时代大学生心理发展的诸多特点，找准契合点，与之相适应，从而更好地完善学校心理健康教育工作，使学生能够在真正进入社会前顺利完成心理成熟的过程，为国家、为社会培养一代代祖国的花朵、未来的栋梁。

第二节　人类心理与行为的基本内容及特征

从某种程度上说，文化是人类对环境的适应性反应。与其他大多数物种不同的是，人类居住在极其不同的需要不同社会文化配置的生态栖位。大自然还赋予我们人类进行有利于内群体成员大规模文化传播的认知能力，而且这种认知能力使我们能够考虑内群体成员的观点。从博弈论的观点来看，我们人类的这种社会性会导致个体所采取的任何策略都取决于他的群体成员选择什么。人类个体与内群体成员之间的这种相互依赖导致了对所有社会系统来说的多重均衡，这种多重均衡进一步发动了文化多样性的引擎。总之，生态多样性、内群体偏向的文化传播以及多重均衡，共同导致了贯穿整个人类历史的高度的社会文化多样性。

文化多样性的存在对心理学研究来说是一个巨大的挑战：心理学家要发现真正的普遍性心理，就必须使他们的研究能够泛化到异类的具有不同生态、语言、信念体系和社会习俗的群体中。此外，心理现象通常反映的是先天的心理成分（innate psychological primitives）与社会文化输入之间的交互作用，这种交互作用会产生一种"如果 - 那么（if-then）"形式（例如，如果邻居是合作的，那么就合作，否则就不合作）的相倚的普遍性。这种类化需要根据人类心理的文化普遍性的性质及标准进行比较性研究。本节试图对这些问题加以澄清以及阐明目前心理学对人类心理共性的研究，最后提出心理学需要与人类学不同的关于人类心理共性的研究策略。

一、人类心理的文化普遍性及其辨析

心理学作为一门科学，其基本假设是人类的心理存在普遍性，但这个基本假设应该建立在更坚实地发现并描述在所有文化中大多数或全部人类都真正具有的经过实证检验的心理的普遍性和接近普遍性的基础上。大多数心理学家都赞成，文化背景在某种程度上蕴含在人类的心理过程中。同样，大多数心理学家也都赞成，我们人类在某种程度上具有某些相同的普遍性的观念与动机成分，即那些如果没有它们文化与文化学习就不可能产生的心理成分，这些具有普遍性的观念与动机成分也通过某些重要的方式与文化背景相互作用。因此，就人类的心理过程来说，我们有必要了解它们在文化中的变异性与普遍性。但是，在一个多样文化的背景中探讨人类心理的普遍性，需要一个适当的能够对其加以推断的分析水平。如果这个分析水平过于抽象，普遍性就会过于弥散（diffuse），以至于没有什么重要的实证含义。但是如果这个分析水平过于具体，就有可能识别不出普遍性。因此，问题的关键是确定一个能够证实潜在普遍性的最适宜的抽象分析水平。

建立在实证主义基础上的心理学研究，妨碍了心理学家发现具有真正普遍性的人类心理。例如，心理学家经过实证研究，在芝加哥郊外的中产阶级群体中发现了某种心理现象，但这种研究并没有说明这种现象是否同样还存在于别的什么地方只是还没有被发现，以及这种现象是否以不同的形式或几乎不会出现在别的什么地方。因此，对20世纪中期出现的跨文化心理学研究来说，最重要的理论基础是，系统的实证观察是使人类心理过程的文化特殊性与文化普遍性区分开来的一个必不可少的部分。但通常我们会认为我们所拥有的文化的形式与习俗是如此自然与显而易见，因此心理学家很容易做出这样的假设，即他们在所拥有的文化中观察到的心理过程反映了某种普遍性，没必要再在其他文化中进行烦琐的比较研究。这样就导致心理学家进入一个"文化盲区"。因为这个"文化盲区"的存在，心理学家倾向于把人类心理的普遍性与它们的文化特殊表现混合起来。这种混合使心理学家要阐明什么特定的心理现象会提供什么特定的功能这种尝试变得更为复杂。

例如，关于积极的自我肯定（self-regard）需要是否具有普遍性这个问题。心理学中许多理论都坚持认为人们被激发去寻求并保持一种积极的自我观，这是这些理论的一种基本假设，因此，积极的自我肯定需要是否具有普遍性就成为一个重要的问题。但仔细研究积极的自我肯定动机的跨文化证据，就会发现确定在什么抽象水平上对积极的自我肯定动机加以分析尤为重要。例如，在积极自我观倾向测量、自我服务偏向测量和对成功与失败反馈的反应测量中，东亚人与西方人在自我提高动机的跨文化比较方面表现出一致及显著的差异。心理学家对生活在东亚的东亚人与西方人的自我提高动机的已发表的比较研究的元分析发现了总是以 d=.85 的平均效应值出现的显著的文化差异。此外，自我提高偏向研究对西方人的自我提高提供了一致与显著的证据，而总的来说，对于生活在东亚的东亚人的自我提高却提供了很少的证据。东亚人自我提高动机的缺乏似乎并不是由实验假象（experimental artifact）造成的。相对于追求自尊并依赖于自我提高动机，东亚人似乎更关注于维护脸面以及依赖于自我完善动机。因此，生活在东亚文化背景中的人们其自我提高动机如果不是完全缺乏就是较为微弱。

研究者还探讨了积极自我肯定需要的进化论起源。具有夸大并不遗余力地维护积极自我观的倾向在西方人样本中看来是如此普遍与显著，这使一些研究者认为古老的环境选择了这种被操作化为自我提高的动机。由此，学者们又对自我提高动机如何作为一种适应出现提出了各种不同的解释。例如，Barkow 认为选择自尊作为对个体地位在统治等级内部的微妙变化的一种判断标准。Leary 和他的同事认为自尊在察觉我们与他人的社会关系状况中起作用的意义上是一种适应。恐惧管理理论则主张，作为一种适应出现的自尊，被用来屏退来自死亡恐惧的生存焦虑。总之，这些不同的理论提出了一个共同的主题：像自我提高这样普遍与强大的动机必定用来增强适宜性，尤其是如果考虑到个体有时候必须为持有这些动机所承受的代价。

如果一种理论提出，我们人类在远古环境中发展自尊用来解决某个问题，如社会地位，或归属关系，或抑制生存焦虑，那么我们应该在所有的文化，或至少应该在与西方文化一样明确关注社会地位、归属关系与生存焦虑的文化中找到这种动机的证据。因此，在东亚人中明显缺少关于自我提高动机的证据表明了这些进化论的解释存在问题。总之，对自我提高动机起源的进化论解释，需要阐明这种动机在西方文化中为什么比在东亚文化中更为普遍。

其实，对积极自我肯定需要起源的令人信服的解释需要在一种普遍性更为明显的抽象水平上来分析这些动机的适应价值。例如，我们还可以根据"成为一个健全的自我"，即努力成为所在文化中被认为是适合的、有价值的和重要的那类人来分析积极的自我肯定需要。Heine 和他的同事认为在西方自我提高和维护自尊的动机是达到成为一个健全的自我这个目的的手段，而对于东亚人来说，自我改善和维护脸面的动机是达到这个目的的手段。因此，在这种抽象水平上，积极的自我肯定需要可能具有普遍性，以及在这种分析水平上对这种动机的进化论解释最令人信服。

心理学家有必要把特殊文化水平上的心理过程与对所有文化来说共有的心理过程区分开来。这项任务最大的困难是他们很少直接在较抽象、普遍的水平上发现某些心理过程，因为这些心理过程在文化中总是以例示的形式表现出来。在某些情况下，这些例示并不是各不相同，因此心理学家可以清晰地识别出隐含在其中的普遍的心理过程，如对甜食与含脂肪食物的偏好以及暴力行为中的性别差异。但在另外一些情况下，这些例示是如此多样以至于干扰了心理学家发现隐藏在其背后的潜在的普遍性。只有通过分析文化多样性，心理学家才能够确定是否把人类心理的特殊性与普遍性混合了起来。

二、心理学对人类心理普遍性的探讨

在论述心理学对人类心理普遍性的探讨之前，我们有必要先来考察一下人类学对人类共性的探讨，因为对这个问题的探讨是一个需要多学科合作的问题，不同的学科探讨可以给心理学家不同的启示。心理学有限的研究资料限制了它对人类心理普遍性的探讨。

（一）人类学对人类共性的探讨

人类学自出现以来，就开始探讨人类的共性这个问题。这也是人类学研究的主要任务之一。过去一百多年来的人类学文献表明探讨人类的共性这个问题既紧迫又棘手。说它是一个紧迫的问题是因为，世界各地的民族志所揭示的关于人类的一系列数量惊人的潜能，迫使我们思考究竟是什么特征把我们人类统一了起来。说它是一个棘手的问题是因为，在一系列不同的关于人性的例示中发现具有普遍性的某种东西，需要我们把那些在行为中能够观察到的、具体的、特殊的表现形式与引起它们的抽象的、潜在的具有普遍性的某种东西做出区分。

在人类学历史的相对早期，许多人类学家就试图证明人性中的普遍性。例如，Clark Wissler 根据假设的人类的需要建构了一种具有普遍性的分类法。通过这种分类法，人类学家可以把他们在研究中所遇到的各种各样的事实加以组织。随着对人性的什么特征是普遍性的这个问题的探讨，出现了很多与之类似的分类法并逐渐得以完善。这些早期的尝试，在具有普遍性的"类别"，如"宗教"或"亲属关系"，与它们的各种各样的"内容"，如"相信轮回"和"母系继嗣"之间做了区分。不断增加的人种志资料所揭示出来的人类活动内容的多样性，表明了在这个层面上不可能发现人性的普遍性。尽管如此，后来的一些研究证实了某些类别的认知内容确实能够体现出普遍性。最近认知人类学和发展心理学的进展进一步证实了这样一个事实，即在思维和行为的要旨中存在一种显著的普遍性。

人类学家 Donald Brown 对人类的共性做了最广泛的分类。他建构了一个包含数以百计个特征的列表。该列表既包含类别（例如，婚姻、仪式和语言）又包含内容（例如，怕蛇、羞怯的表现、具有"黑"和"白"等颜色术语）。这些类别和内容对各地的人们来说是共有的。这些对全体人类加以识别并把其特征加以分类的研究尝试，在人类学的发展历史上曾引起很大的争议。一些人类学家质疑令人关注的人类共性是否确实存在，其他一些人类学家则认为识别人类的"最小公分母"要么是受到了误导，要么就具有令人怀疑的价值。最近，越来越多的文化人类学家采取了一种后结构主义的观点，强调文化的易变性与模糊性。

相对于人类学对人类共性的假设和探讨的历史，在整个心理学史中，心理学家很少明确地探讨某一特定的心理现象是否具有普遍性这样的问题。这是因为心理学家，尤其是主流心理学家在他们的研究中坚持这样一种内隐的假设，即他们的研究对象实际上就是普遍性的，因此，关于它们的研究结论当然也会具有普遍性。我们可以用心理学中的两个事实来证明这种内隐的关于研究对象的普遍性或"心理一致"的假设。

第一，心理学的起源受到了生物学的深刻影响。心理学的这种生物学基础至少从两个方面导致内隐的心理普遍性这种假设的出现：一是关于人的心理的生物学基础的许多研究，是在与其他人的类比中进行的，根据的是这样一种观点，即其他人的心理机制能够证明人类的心理活动。但是如果我们根据在某种文化中的人类与其他人类具有相同的心理机制这个观点开始研究，那么结果必然是，假定这些心理机制是我们人类本身所普遍具有的。二是心理学把生物学作为研究的基础，在某种程度上也继承了进化论的理论基础。因为进化推理根据的是物种所共有的基因组假设，这种理论基础促使心理学家接受"心理一致"作为一个特定的假设。总之，在这些方面，心理学从它的生物学基础那里继承了一个预先的假设，即人的心理机制具有普遍性。

第二，认知革命提供了另一个可以据此理解人类思维的框架，这个框架也预先假设了普遍性。认知科学把人脑比作计算机。这种类比使大脑作为硬件能够产生具有普遍性的软件或心理过程这种观点明确起来。在这种类比模式中，可以把信仰、价值观和行为等视为输出。因为人们生活在不同的社会、政治与生态环境中，这些不同的社会、政治与生态环境会产生一些完全不同的"输入"，因此，信念、价值观和行为等输出在不同的文化中和不同的历史时期就会不断地发生变化。较不容易被发现的普遍性心理这个深层结构就隐含在这些肤浅、多变的心理内容中。当研究者诉诸计算机这个隐喻，不用说文化差异，就是个体差异也会被忽视。

（二）心理学有限的研究资料限制了它对人类心理共性的探讨

很明显，关于人类心理的普遍性这个假设，已经隐含在心理学学科的取样方法论中。与许多其他学科的社会科学家不同的是，心理学家倾向于并不关心他们的研究样本对于整个群体的泛化问题，除了可能偏离正常与普遍心理的样本，如具有脑损伤或临床失调的个体。我们都知道，取样研究方法已经成为西方认知、社会、人格及临床心理学研究的标准方法，一般来说，就是从大学心理学系二年级学生中招募实验参与者并根据他们的心理做出关于人类心理的推论。其实这种评论早就出现了，但西方主流心理学家却很少对这种研究方法表示怀疑，即对心理学家是怎样内隐地假设来自受文化背景、历史时期与社会阶级制约的特殊样本的研究结果会泛化到受其他文化背景、历史时期与社会阶级制约的群体或整个人类群体表示怀疑。

使取样不具有代表性这个问题更加恶化的是研究中的不均衡的地理表征这个问题。最近有学者对在社会与人格心理学的主要杂志《人格与社会心理学杂志》自创刊以来所发表的所有论文进行了一个调查，结果发现92%的论文来自美国和加拿大，不少于99%的论文来自西方国家。这种情况并不仅仅是出现在社会与人格心理学领域，如果有区别的话，就是在心理学的其他研究领域，这种情况更为严重。例如，有学者对从1994年到2002年发表在心理学主要杂志上的包含关键词"文化"的论文的比例进行了分析，结果发现在主要的认知与实验心理学杂志中，只有1.2%的论文包含这个关键词；在主要的临床心理学杂志中，只有3.1%的论文包含这个关键词；在主要的发展心理学杂志中，只有4.3%的论文包含这个关键词；在主要的社会心理学杂志中，只有4.8%的论文包含这个关键词。因此，我们可以说，这些心理学家并不是在研究人性，而是在研究属于中产阶级的、受过教育的、年轻的西方成年人（或这些人的孩子）的本性。如果西方主流心理学家考虑到他们从中获得大部分心理学样本的西方中产阶级群体完全不能代表世界上的所有人，而碰巧只是代表了一种文化反常，因为他们相对于世界上的其他人来说，是非常个体主义的、富足的、世俗的、低情境化的、分析性的与自我提高的，那么，他们就会明白这种取样方式存在很严重的问题。如果他们知道他们正在研究的心理过程只是反映了一种通常的、潜在的人性，那么他们把研究限于那些方便易得的样本也许是合情合理的。但是，如果他们想知道这些心理现象是否具有文化普遍性，这种方便可能就不足以说明问题。总之，西方心理学资料的基本事实，主要由来自对西方中产阶级受过高等教育的青壮年和他们的孩子的多层研究结果构成。

对心理学家来说，根据有限的研究资料假设普遍性，不只是一个理论方面的问题，也是一个实证方面的问题。在过去几十年中出现的文化转向的心理学，其研究呈爆炸态势。其中的许多研究明确地证实了西方主流心理学的许多理论与研究结果不足以泛化到其他的文化背景。而且，文化多样性并不局限于那些边缘化的心理现象，而是贯穿于心理学中的几乎所有的重要理论与研究结果。例如，一些在其他文化中较不明显或明显以不同形式出现的心理现象包括以下几种：来自认知心理学方面，对焦点色的记忆与分类、空间推理、基于类别的归纳推理的某些方面、某些知觉错觉、推理和分类的习惯性策略、思维与表达之间的关系、数字推理的某些方面；来自判断与决策方面，在最后通牒博弈中的优先决策、在决策中的冒险偏好；来自社会与人格心理学方面，独立型自我概念相似吸引效应追求独特的动机基本归因错误、自我提高动机、以暴力反应于侮辱的偏好、高度主观幸福感与积极情感、控制感、统一的自我观；来自临床心理学方面，重性抑郁症的患病率、作为消极情绪核心的抑郁、社会焦虑、饮食失调患病率，如神经性厌食症和暴食症，以及其他许多在西方还没有被较多关注的本土综合征；来自发展心理学方面，在语言习得中的名词倾向、道德推理、不同依恋模式的盛行，以及与青少年有关的骚乱与暴力。心理学中这些日益增多的涉及文化多样性的研究，促使心理学家返回来开始思索心理现象是不是普遍性的以及如何对之加以研究。

三、心理学需要独到的关于人类共性的研究策略

人类学长期以来对人类共性的探讨，积累了很多关于人类心理的普遍性的研究成果。然而，人类学和心理学毕竟是两个不同的研究领域，存在很多差异，但我们可以根据这些差异尝试使用一些能够促进人类心理的文化普遍性研究的方法。

总的来说，这两个研究领域主要存在三大差异：第一大差异是地域局限性问题。心理学家对人类心理普遍性的研究应该源于由整个 20 世纪的人类学家经过开拓性努力所汇编的关于文化多样性的有条理的文献汇集，尤其是人类关系区域档案（HRAF）资料库，其对分析心理现象的普遍性具有相当大的实用价值，虽然结论会受到单个人种志的信度和效度的制约。人类学资料库所涉及的广大地域，是心理学家所力求的东西。但是，要求心理学家在地球上的所有已知文化中经常开展此类宏大的计划以探讨人类心理经验的种类是不切实际的。因此，心理学家所探讨的文化的总数，与人类学家通过一个世纪的人种学研究所积累起来的资料相比，仍然是相对匮乏的。然而，资料的匮乏并不意味着不可能实证地检验人类心理的文化普遍性，这就要求心理学家要在研究资料匮乏的情况下，采用适当的能够揭示这个问题的研究策略。

心理学与人类学的第二个重要差异是心理学的研究对象——个体或群体心理的活动方式，不同于人类学的研究对象——生活在更广阔的生态背景中的人类。因此，心理学家需要根据某些标准来探讨人类心理的文化普遍性，这些标准能够指导他们对心理学一直以来的关注点进行研究，例如注意、记忆、自我概念、心理健康、认知策略、决策规则、知觉、动机、人格结构、语言习得、归因理论及对外界的心理表征等。相比之下，人类学意义上的潜在的普遍性则是以人类的一些不同的特征作为基础。这些特征可能涉及家庭和社会的结构（统治、亲属关系）、社会习俗（成人仪式、对待死者的态度）或工具的使用（火、武器）。总之，不管这些特征是超机体的并在理论上独立于个体心理而存在的社会现象，还是它们的心理表征及它们的物质效应在群体中偶然联系起来的社会分布，群体层面上的普遍性在某些重要的方面不同于个体心理的普遍性。

心理学与人类学的第三个差异反映在这两个领域的方法论方面。概括起就是，人类学家主要通过质化的人种志方法收集资料，而心理学家则主要通过量化的实验与相关设计等实证方法收集资料。这些研究方法具有各自的优势与局限性，根据取样、测量、可重复性、实验控制、可泛化性以及资料的多少等问题而不同。研究方法上的巨大差异，使得心理学家和人类学家相对较少地关注彼此所积累的资料。因此，如果心理学家能够更适当地发展跨文化研究的系统性方法，而人类学家能够更适当地运用实证研究方

法，这种方法上的"互育"将非常有助于这两个领域对人类心理的普遍性的研究。

总之，尽管研究者对人类心理的文化普遍性的兴趣日益增加，但在心理学领域还没有一套心理学家一致同意的可以据以考察人类心理的文化普遍性的方法论标准。因此，目前对心理学家来说，制定出一些有助于研究者探究人类心理的文化普遍性的准则尤为必要和紧迫。

第三节　学生身心发展的基本特点与教育

2018 年 9 月起，"00"后大学生开始大批量涌入校园，高等教育也因此进入一个全新的时代。"00"后大学生思想开放多元，喜欢新生事物，接受能力强。特别是与"90"后相比，"00"后一出生就生活在网络世界，是最为积极、活跃的一代，他们的生活、学习、交往方式带着鲜明的时代痕迹。教育部 43 号令明确规定：辅导员作为开展大学生思政教育的骨干力量，应当努力成为学生成长成才的人生导师和健康生活的知心朋友。但是，因学生主体的变化，原有的大学生教育模式必然存在不适应现象，必须制定出符合"00"后大学生身心发展特点的思想政治教育策略，进而实现培养合格的社会主义建设者和接班人的目标。

一、"00"后大学生身心发展特点

为了制定切实有效的辅导员思想政治教育策略，必须在充分了解"00"后大学生身心发展特点的基础上开展工作。

（一）理想——担当意识淡薄

习近平总书记对青年人一代提出明确的期望："青年一代有理想、有本领、有担当，国家就有前途，民族就有希望。"可见，青年大学生应该把理想和担当作为自己坚守的职责。笔者通过谈话发现，"00"后大学生普遍认为：考上大学的目的是展示自我有这个能力，毕业后找到一份满意的工作。而他们的人生目标模糊、理想信念淡薄，这体现在以下方面：在他们的生涯规划中，首先考虑的是自己的前途和命运，自我满足之后考虑国家的发展；对于担负社会主义的建设者和接班人这一远大理想，普遍淡薄。

（二）网络媒介依赖

"00"后大学生天生是网络世界的土著人口，他们普遍具有较强的网络交友、消费、娱乐和学习的能力。

（1）网络热词普及。像"柠檬""打 Call""佛系""肥宅""尬聊""C 位""大猪蹄"等网络热词，成为他们表达情绪和宣泄情感的主要语言。这在一定程度上与社会主流文化是背道而驰的，使校园文化陷入低级、无序状态。

（2）微媒体社交流行。调查表明，微博、微信、抖音、QQ 等微媒体的使用率在"00"后大学生中达到 100%。他们可以足不出户通过微媒体社交软件去交友、查资料、宣泄、感慨，交流方式更加便捷，但是人与人之间缺乏真实情感交流。

（3）网购普及。手机淘宝、美团等网络 APP 盛行，他们可以足不出户过着"死肥宅"的生活。这种生活方式在给他们带来方便的同时，扭曲了他们的消费观念，摧残了他们的身心健康。

（4）网络平台学习盛行。"00"后大学生的学习方式不仅仅是书本和老师的灌输，他们能够通过网络学习平台获取丰富知识。但是，他们的心智发展不成熟、明辨是非能力较弱，极易受不良信息影响，误导价值观的形成。同时，造成课堂上不认真听讲以及不分场合抨击老师的现象。

（三）学习方式自由

"00"后和父母之间多是平等、互动的亲子关系，父母对他们的多是陪伴教育和情感教育，与以往的打骂教育截然不同，这种教育方式激发了他们自主学习的意愿。"00"后大学生的基础教育强调家校联系，他们的学习渠道除了校内统一教育外，还有社会实践、辅导机构等。因此，他们提升自己综合素质的途径不再局限于传统的课堂知识学习，学习方式扩展到交友中学习、娱乐中学习、网络中学习等多种途径。可见，"00"后大学生的学习方式与社会主流存在偏差，但这的确是他们乐于接受的一种全新学习方式。

（四）抗挫折能力较弱

有着"421 家庭宝宝"之称的"00"后大学生，长期处于家人的呵护下，成长中"衣来伸手饭来张口"，几乎没有经历过困难和挫折。进入大学后，远离家人的羽翼，易形成不劳而获、随心所欲的错误思想，导致缺乏生活自理能力、自律能力较差等不良习惯。同时，他们习惯了虚拟的网络交流，人际交往能力较差，朋友和亲人之间缺乏真实的情感沟通。当他们遇到挫折时，常常无法自拔。鉴于此，如果没有及时引导他们抵抗挫折，不利于他们的健康发展。

二、辅导员思想政治策略探讨

从"00"后大学生身上，我们发现很多优秀的品质，同时看到很多负面因素，这给辅导员工作提出了新的时代课题。辅导员思想政治教育策略的提出，首先要基于"00"后大学生的身心发展特点，然后结合新时代的教育理念，对青年大学生进行价值观引导，唤醒他们的主人翁意识，使他们逐步认识自我、充实自我，最终将其培养成为有理想、有担当、有作为的新时代合格青年。具体可从以下四方面探讨：

（一）先进理念指引

教育部部长陈宝生在"新时代全国高等学校本科教育工作会议"上提出本科教育要推进"四个回归"，其中学生要回归刻苦读书学习的常识、教师要回归潜心教书育人的本分。

习近平全国教育大会重要讲话提出教育必须把培养社会主义建设者和接班人作为根本任务。高职院校教育"要在坚定理想信念上下功夫""要在厚植爱国主义情怀上下功夫""要在加强品德修养上下功夫""要在增长知识见识上下功夫""要在培养奋斗精神上下功夫""要在增强综合素质上下功夫"。

因此高职院校辅导员在开展思政工作时，要时刻保持积极向上的精神面貌，兢兢业业、潜心教书育人。指引学生在实现自我时，把个体与集体、个体与社会、个体与国家融合起来，在国家和社会需求的基础上追求自我价值，实现"小我"和"大我"的有机融合；用心去感化"00"后大学生，坚持心灵熏陶和思想引领相结合、情感疏导与价值引导相结合的工作方针。

（二）网络思政教育

传统的思想政治教育，多采用书本、课堂、谈话等途径进行教育，方式单一枯燥。鉴于网络对"00"后大学生的强大吸引力，辅导员要充分利用网络的新颖性、开放性、趣味性开展思想政治教育工作。首先，让社会主流价值观引导网络技术使用。用习近平新时代中国特色社会主义思想等先进理念引领网络空间发展，在微信、抖音等"00"后大学生关注的网络平台中，坚守正确的价值引导。其次，在"00"后大学生常聚的网络空间引入思想政治教育内容。网络思政教育因为图文并茂、形式多样、不受时空限制，且具有较强的时效性，更容易被"00"后大学生接受。

（三）主体能力激发

针对"00"后大学生学习方式自由的特点，在思想政治教育中引入他们在价值追求、生涯规划中的主人翁意识，创建平台激发他们的创新理念。通过开展和思想政治教育内容相关的课程开发、知识辩论、情景模拟等活动，吸引他们参与思政教育的开发、设计、制作、研讨、应用和总结，充分调动他们的主人翁意识。这不仅可以激发他们的创新优势，制作出符合大学生身心发展特点的网络思想政治教育作品，还能够使他们在参与过程中拓展自我、提高综合能力。

（四）针对性心理健康辅导

鉴于"00"后大学生抗挫折能力较弱的情况，开展针对性的心理健康教育辅导。在适应性方面，要根据他们的自我独立程度，判断是否在过度独立和依赖的情况下出现消极情绪、偏激行为等不良问题，在问题发现后第一时间派专人疏导，引导他们参与集体活动，帮助他们树立一种开放包容的心态面对生活和学习；在遇挫后出现消极情绪的问题，要培养他们树立弱化竞争结果的理念，组织他们参与抗挫折教育，帮助他们重拾自信心，培养更坚实的健康心理。

辅导员工作不仅仅是一个工作，同时是一门学问，它担负着学生的管理、培养、服务等职能，这些都决定了辅导员要用心投入工作中。因此，辅导员在遵循新时代教育理念的基础上，应结合"00"后大学生的身心发展特点，采取科学的措施创建与时俱进的工作模式，满足"00"后大学生思想政治教育的实际工作需求，进而培养出符合新时代中国特色社会主义事业的合格建设者和接班人。

第四节　大学生的认知发展与教育

和中小学生相比，大学生的认知无论在内容上还是形式上都有了质的飞跃，其思维方式达到或接近思维的最高水平。了解大学生认知发展的特点是有效进行高职院校教学的重要前提，是达到高等教育目标——科学知识的学习和掌握的重要保证。本节将就认知发展的基本理论、大学生认知发展的一般特点做出简要阐述，然后重点介绍大学生思维（认知的核心成分）发展的一般特点。

一、认知发展的基本理论

关于个体的认知发展问题，许多研究者从不同的角度进行了系统的理论探索和实证研究。皮亚杰从认识发生的角度探讨了认知发展的一般特征和深层机制，斯腾伯格（R.J.Sternberg）的三元智力理论采用信息加工的方法对认知的本质和发展做出了全新的阐释，美国心理学家佩里（W.Perry）则提出了针对大学生这一特殊群体的认知发展阶段论。

（一）皮亚杰的认知发展阶段理论

皮亚杰认为个体的认知发展可分为以下四个阶段：

（1）感知运动阶段（0～2岁）。该阶段是认知的发生时期。儿童通过感知运动图式与外界环境相互作用，认知发展依靠动作来完成，逐渐从反射活动向信号性或象征性功能过渡。

（2）前运算阶段（2～6岁）。这一阶段的儿童能够通过言语表象和其他符号形式来表征自己的内心世界和外部世界，但他们的认知仍是直觉性的，不符合逻辑，具有不可逆性和自我中心性。

（3）具体运算阶段（6～11岁）。此阶段是儿童开始真正运算思维的第一个阶段。他们能够根据具体事物进行形象的逻辑思维，但仅限于眼前的具体情境或他们所熟悉的经验。虽然在 10 岁之后，他们的思维具有了一定程度的抽象概括性，但是具体形象性仍占有主导地位。

（4）形式运算阶段（11 岁以上）。形式运算是对命题之间的意义联系进行思考的运算。处于形式运算阶段的个体能够脱离感知和表象的支持，通过有逻辑的、假设的和系统的推理来寻求问题的解决。他们还能够监控和反省自己的思维活动，出现"对操作的操作"，如"'我在思考我的未来'；然后，我开始思考'我为什么要思考我的未来'；再然后，我又思考'我为什么思考我为什么要思考我的未来'"。

对形式运算阶段的扩展：皮亚杰认为，在达到形式运算阶段之后，个体的认知就达到了成熟，在此之后的发展仅仅是经验和知识的增加，思维的方式不再有质的变化。一些研究者对此提出了批评。他们认为仅用形式运算来解释成熟的青少年后期或成人期的认知水平是不够的，尤其是对那些受过高等教育的大学生来说。对此，瑞吉尔（K.Riegel）提出了"辩证思维"来解释 15 岁之后个体认知发展所表现出来得越来越明显的辩证特征。

瑞吉尔认为，辩证思维是认知发展的一个独立的分支。个体可以从皮亚杰的四个认知发展阶段中的任一阶段直接发展为与之相应的辩证运算模式，达到辩证思维阶段。各阶段的辩证过程的复杂程度不同。如年幼的儿童会辩证地认识到"姐姐比自己要大，但同时她比汤姆小"这个问题，而达到形式辩证阶段的个体则能够辩证地认识和解决抽象的矛盾。

（二）斯腾伯格的三元智力理论

斯腾伯格对认知的成分进行了较深入的分析，从认知的背景、经验和信息加工要素三方面来考查个体的认知，提出了三元智力理论。该理论由以下三部分组成：

情境亚理论。情境亚理论说明了智力发生的社会文化情境。个体在日常生活中表现出对环境的适应功能：当环境与个体的价值取向、能力或兴趣不相符时，个体可以尝试改造环境以达到人与环境的和谐。当改造失败时，个体可能会选择一个新的环境，从而使人与环境达到更好的和谐。情境亚理论包括实践性智力和社会智力两种。

经验亚理论。经验亚理论表明在特定任务或环境中，与情境相适应的行为，并不等于该类行为在任何时候都会产生同等"智慧"。我们不能简单地判定一个任务的完成是否需要智力，完成该任务在多大程度上需要智力取决于个体具有多少关于该任务的经验。当遇到一个全新的问题时，个体没有任何经验而不知所措，表现出较低水平的智力；当遇到一个比较熟悉的问题时，个体会表现出较多的智慧；当遇到一个非常熟悉或自己专业领域内的问题时，个体会表现出自动化加工和专家级水平的智力。

成分亚理论。成分亚理论阐述了构成智力行为的心理结构和机制。斯腾伯格认为，认知结构由元成分、操作成分和知识获得成分组成。元成分的作用是制订计划、选择策略及监控具体的加工过程；操作成分执行元成分建构的行动计划；知识获得成分进行选择性编码，联结和比较新旧信息以学习新信息。个体的认知发展正是这三种成分反复相互激活的结果，而非认知结构本身的性质突变所致。儿童、青少年和成人在解决问题时，都要用到认知结构中的三种成分，只不过他们在各成分上所花费的时间及对各成分进行整合的速度不同。

上述三种智力之间是相互联系的。情境亚理论将智力与个体的外部世界相联系，提出"哪些行为对个体而言是智慧的表现，这些行为在何处才显示出智慧"。经验亚理论将智力与个体的内、外部世界联系起来，回答了"行为何时是智慧的"问题，表明在某项任务情境中，智力与经验多少之间的联系。成分亚理论将智力与个体的内部世界联系起来，回答了"智力行为是如何产生"的问题。

（三）佩里认知发展的三段论

哈佛大学心理学家佩里对大学生的认知发展进行了跟踪研究。他将大学生的思维发展划分为以下三个阶段：

第一阶段：二元论（dualism）阶段。处于这一阶段的大学生以对与错两种形式来进行推理，对问题及事物的看法是非此即彼的。他们将知识视为固定不变的真理，所追求的是"什么是正确的答案"，而不考虑这个答案是否合理。他们更重视过去已经发生的事件而不是未来的可能性。大多数刚入学的运用具体形式推理的大学生，就处于这一阶段。

第二阶段：相对性（relativism）阶段。此阶段的个体认识到事物的复杂性和多样性，能够接受对同一事物的不同解释，接受各种不同的观点；他们会根据不同的、变化着的情境对问题做出判断；他们不再将知识视为固定不变的真理，而是通过权衡，对不同的观点和理论进行比较，进而找到解释现实的有效理论。在这个阶段，个体思维过程的抽象性及理论性已达到很高水平，但仍处于"权威者要我怎么去思考……"的思想束缚之下。

第三阶段：约定性（commitment）阶段。在约定性阶段，个体不仅能够进行抽象逻辑思维，而且在分析事物时具有自己的立场和观点，即能够确定"这对于我是正确的"。并且他们对自己立场的坚持并不是盲目的，能够根据不同的情况做出选择，以更适当的方法来处理新信息和新问题。

上述三个阶段的具体内容反映了大学生的思维从以形式逻辑思维为主向以辩证逻辑思维为主过渡。

二、大学生认知发展的一般特点

关于智力发展速度和高峰年龄期的研究表明，大学生智力发展的速度低于儿童，个体智力发展的高峰期在 22～25 岁，大学生的智商具有相对的稳定性，但在良好的环境、教育和主观努力下，可以得到改变。可见，虽然大学生的智力发展速度低于中小学生，但从总体上看，大学时期是个体智力发展走向成熟的一个时期，通过良好的教育和自身的努力，大学生的认知发展可以得到进一步促进。下面笔者从认知结构诸要素的变化来分析大学生的认知发展特点。

（一）观察力

大学生的观察力具有主动性、持久性和多维性的特点。大学生具有强烈的求知欲和探索精神，能够积极主动地对自己感兴趣的事物或现象进行观察；在观察过程中，他们不会轻易停止观察，始终坚持追踪观察的目标，具有相当的持久性；在观察时既能深入细致地观察对象或现象的某一方面，又能把握观察对象的全貌。并且在实际观察中，他们能够从一定的目的出发，对事物进行细致的观察，观察的精确性和概括性明显提高。

（二）记忆力

心理学研究表明，个体的逻辑记忆能力在 20～25 岁达到最高峰。在大学阶段，繁多的课程门类、抽象深奥的教材内容和较高的学习标准，促使大学生的逻辑记忆能力高度发展起来。他们不再像中学生一样对各种知识"死记硬背"，而是在充分理解所学材料的意义和实质的基础上进行记忆；他们能够深入分析所学内容，并选择最有价值的、未知的新知识进行记忆；他们还能够将新知识纳入已有的知识体系之中，按照一定的逻辑结构系统地、完整地储存新知识。

此外，大学生的各种记忆品质都得到了全面发展，能够快速、准确地记忆大量内容，记忆的容量增大，敏捷性、精确性和准备性全面增强。并且，大学生通过亲身实践，学习和掌握了一些实用而有效的记忆方法，如联想法、纲要法、序列法等，从而能够进行更好的记忆。因此可以说，大学时期是个体记忆力发展到成熟的时期。

（三）想象力

大学生的想象克服了中小学生想象的幼稚性和虚幻性，想象中的科学性、创造性成分日益增多。有研究者以"描述一件最危险的事情"为题，对大学生进行创造想象力测验。结果如下：想象典型者占全体被试的 72% 以上，这说明大多数大学生的创造想象力都比较丰富。并且，大学生对事物想象时会考虑其实现的可能性，想象中科学合理的成分增多，而不再仅仅是单纯的幻想。

三、大学生的思维发展

思维是以已有知识为中介，对客观事物概括的、间接的反映，它是认知（智力）

的核心因素。大学生的思维在各个方面都有了很大的发展。从思维的特性来看，其独立性、合理性和灵活性明显增强。大学生一般不满足于书本或教师提供的现成答案，喜欢独立思考，能对自己的思考进行检查和评价，并且思维的灵活性超过其他同龄人。同时，大学生思维的广阔性和深刻性也有了很大发展，他们喜欢在不同的知识和实践领域进行思考，探究事物或现象的本质及原因。大学生思维结构的变化最能体现他们的思维发展特点，具体如下。

（一）在形式逻辑思维发展的同时辩证逻辑思维逐渐趋向成熟和完善

形式逻辑思维是指在感性认识的基础上对事物本质联系的抽象统一的反映。它所反映的是事物的相对静止性和不同事物之间的区别。在形式逻辑思维活动中，个体对客观事物的抽象认识是孤立的、静止的和片面的。辩证逻辑思维，则是对客观现实的本质联系的对立统一的反映，它不仅反映事物之间的相互区别，而且反映它们之间的相互联系；不仅反映事物的相对静止，而且反映它们的绝对运动。它并不否认事物自身的统一性，但认为这种统一只存在于差异和对立之中。可见，形式逻辑思维和辩证逻辑思维有着明显的不同。

在青少年时期，个体虽然已经掌握了某些辩证思维的方式，但形式逻辑思维仍占据优势地位。我国学者朱智贤领导的全国青少年心理研究协作组的研究表明，形式逻辑思维在初一开始占优势，到高二时几乎趋于基本成熟。青少年的辩证思维发展也是相当迅速的，但辩证推理的发展远远落后于辩证概念和辩证判断的发展。因此，研究者认为，"中学阶段只是辩证思维出现、形成和迅速发展并逐渐趋于占优势的阶段，而不是其成熟阶段，""辩证逻辑思维能力更完善的发展要到大学阶段才能出现"。美国心理学家佩里和布朗的研究也表明，进入成年期后，个体思维的辩证成分逐渐增多，他们逐渐意识到对同一个问题可能有多种不同的答案，问题的解决可以通过多种方法来实现。

大学生辩证逻辑思维的迅速发展与高等学校的教学密切相关。大学生的学习，不仅要掌握科学知识，而且要掌握科学理论、科学研究方法和科学的发展历程，并要了解所学知识在实践中的应用过程。高等学校的课程内容也是中学课程所无法比拟的。如中学数学课程只是"常数的数学"，而高等数学则涉及"变数的数学"，前者是形式逻辑在数学中的应用，后者则是辩证法在数学上的应用。此外，大学生的生活、活动和他们所接触到的人际关系，也需要他们产生新的思维形式和思想方法，需要他们用对立统一的观点、全面发展的观点去观察、分析和解决问题，即需要他们发展辩证思维。同时，大学生自身神经系统功能的完善和知识经验的积累，也为大学生辩证逻辑思维的迅速发展提供了必要的主观条件。

需要指出的是，大学生形式逻辑思维的发展与辩证逻辑思维的发展是相辅相成的。

前者为后者的发展提供了可能性，后者的发展可以促进前者的进一步发展。就大学阶段的思维发展任务来说，应着重发展大学生的辩证逻辑思维，同时也要注意培养他们的形式逻辑思维。

（二）在常规性思维发展的同时，创造性思维也在迅速发展

根据思维所要解决问题的性质不同，可以把思维活动分为常规性思维和创造性思维。常规性思维要解决的问题是人类认识已经解决，但对解决者来说是新颖的问题。创造性思维所要解决的问题，是人类认识尚未解决并且具有巨大社会价值的问题。大学生学习的主要任务是继承人类已有的知识经验，其思维活动总体上属于常规性思维。但同时，大学生的学习又有别于中小学生，对他们来说，更重要的是学会自己寻找知识和创造知识，培养创造性思维和开拓能力。这既是时代发展的需要，也是个体创造力发展的必然要求。

首先，大学生创造性思维的发展是时代发展的需要。在当今社会，科学知识急剧增长，知识的更新速度越来越快。任何一个学生都不可能掌握他将来工作所需的全部知识。这就要求大学生不能仅仅掌握"死"的书本知识，而是要学会开拓和创新，一方面要创造新知识，另一方面要将书本知识创造性地应用于实践之中。

其次，从创造的最佳年龄来看。我国学者王极盛对许多科学家和创造发明家的研究表明，创造性思维的最佳年龄在 25 ～ 45 岁之间（从大学毕业后开始）。美国学者戴尼斯（W.Dennis）以艺术家、科学家和人文学家为对象，研究了他们全部的创造性成果及其产生时间。该研究发现，无论在科学领域，还是在艺术、人文科学领域，都存在着一个共同之处，即 20 岁前后的个体尚未进入创造性思维的高峰期。综合上述研究可知，大学生尚未进入创造的最佳年龄区，却处于这一时期的准备阶段。在大学阶段进行创造性思维和创造力的培养和训练，对其创造性思维的继续发展、完善和呈现具有重要作用。事实也表明，许多杰出人才的创造活动，在大学阶段就初露端倪，有了良好的开端。大学阶段对个体创造性思维的发展具有特殊意义。此外，高等学校也为大学生创造性思维的发展提供了有利的条件。高等学校不仅拥有从事科学研究的先进的仪器设备、丰富的图书资料，而且拥有学术造诣较深的师资队伍和良好的学习环境，这些十分有利于对大学生进行创造性思维培养和训练。

我国学者对大学生的创造性思维发展特点进行了研究。研究发现，大学生的发散思维（创造性思维的主要形式）已有一定程度的发展，但表现出较大的个体差异；发散思维品质的发展水平也有差异，被试在图形、符号和语义测验上的分数都是流畅性高，变通性次之，独创性最低。因此，在大学阶段，可以在流畅性的基础上，将创造性思维培养的重点放在培养思维的变通性和独特性上。

（三）在思维能力高度发展的同时，形成了对思维的元认知

元认知（meta cognition）是对认知的认知，是"以各种认知活动的某一方面作为其对象或对其加以调节的知识或认知活动"。元认知不仅包含个体对认知的认知，而且包含个体怎样支配自己的认知，即元认知由元认知知识和元认知监控组成。元认知知识指主体从客观世界中获取的与认知有关的知识，由关于认知主体的知识、认知任务的知识和认知策略的知识组成；元认知监控是指主体在从事认知活动的过程中，把自己正在进行的认知活动作为意识对象，不断对其计划、监控的过程。元认知监控有时也包括元认知的体验，它是指与认知任务相关的认知或情感的体验。

大学生对思维的元认知，表现在以下三个方面：①他们能直接思考自己的认识活动，能够清楚地意识到自己的认知过程及其活动方式。例如，大学生能意识到自己在思考问题时所采用的思维方式和方法，能意识到所用方法的有效性和结果的正确程度。②大学生对自己的认知和情绪活动都充满兴趣，能进行较深刻的反思。他们能够意识到自己的思维与他人思维的不同，对自己思维的认识更加客观。③大学生不仅懂得规则的内容及意义，而且能够认识到规则的规则，能够在头脑中比较在现实中无法比较的规则，对运算进行运算，由法则推导出法则。这样，有关思维的元认知的发展，使大学生能够更好地调节和控制自己的思维活动，提高学习的效率。有研究者考察了大一学生（年龄在18～20岁之间）对问题解决策略的理解。研究发现，大学生在解决问题时，使用的类推策略最多，自由产生策略最少。他们普遍认为自由产生、类推、逐步分析、形象化重构和整合这五种策略最适宜于用在学习情景中，在人际交往中的作用不大。该结果没有显著的性别差异。另外，大学生认为几乎每一种策略都需要综合、分析、判断和推理四种思维能力，其中自由产生策略需要用到更多的能力，包括创造能力。

还有的研究者考查了大学生的元认知成分与学习动机、坚持性、学习方法等非智力因素之间的关系。结果发现，大学生对元认知知识的掌握最好，而元认知监控能力较差。在元认知知识方面，学生能够比较清楚地意识到自己已有的兴趣、爱好、记忆与思维特点、与他人相比的优势与短处等，但关于实践任务、认知策略等方面的知识明显欠缺，他们不知道如何根据学习材料的不同性质、结构和长度提出不同的学习要求，不了解知识应用的具体条件与情境。在元认知监控方面，学生普遍能制定合理可行的中、短期学习计划并不断检查其实施情况，并能有意识地控制、调整认知过程，但他们对学习中的漏洞、薄弱环节、作业与考试中的错误等却缺乏补救意识，很少反省自己的问题并有针对性地进行补缺和补差，从而使问题越积越多。

很多学生也不会及时检查自己的学习进度、与认知目标间的差距等，对认知的监控不够。该研究还发现，元认知各维度与非智力因素方面均存在着高度正相关，其中

坚持性与元认知监控的关系最为紧密，说明良好的非智力因素对个体元认知水平有重要作用。

第五节　大学生的人格与社会性发展

随着大学生的生理成熟和认知的发展，他们的人格也表现出不同的特征，社会角色和社会地位也发生变化。日益增长的成人感导致青少年同伴关系发生了一定的变化，使他们产生了新的人际责任。这些新的活动和机会都能促使个体的自我评价发生改变，他们追求独立、自由和自主。同时，他们更深入地思索道德问题，并逐步形成稳定的价值观和人生观。

一、大学生的人格发展

（一）人格概念与特性

人格"personality"一词源于古希腊语，原意是指希腊戏剧中演员戴的面具，体现的是不同角色的特点和各种人物的性格。心理学沿用其义，转意为人格。因心理学家各自采取的角度不同，对于人格的界定众说不一。国内学者综合各家之见，对人格界定出一个简明易懂的概念："人格是个体在遗传素质的基础上，通过与后天环境的相互作用而形成的相对稳定的和独特的心理行为模式。"

人格是一个具有丰富内涵的概念，它具有如下特征：

独特性。这是指每个人的人格都是独特的，表现为个体独特的心理或行为特征。如有人内向，有人外向。这种独特性还表现为人格各种特征组合成不同的风格，使人与人之间相互区别开来。例如，在娇生惯养、溺爱的环境中，"固执"带有"撒娇"的意思；而在冷淡疏离、艰难困苦的环境中，"固执"又带有"反抗"的意思。

稳定性。稳定性是指一个人的人格在时间上具有前后一贯性，空间上具有一定的普遍性。比如，一位性格外向的大学生，在各种不同的场合都会表现出活泼开朗的特点。这种特点在他上大学时是这样，大学毕业后也是这样。这就是人格的稳定性。俗话说"江山易改，禀性难移"，这里的"禀性"就是人格。然而，人格的稳定性并不是说人格是一成不变的，随着生理的成熟和环境的改变，人格也具有一定的可变性和可塑性。

统合性。人格是由许多成分和特性组成的，但并不是几种要素的简单总和，这些成分和特性错综复杂地交互联系，交互制约。当一个人人格结构的各方面彼此和谐一致时，就会出现健康的人格特征；否则，就会使人发生心理冲突，产生各种生活适应困难，甚至出现"分裂人格"。

社会性。人格的社会性是指社会化把人这样的动物变成社会的成员，人格是社会的人所特有的。社会化的内容也像人类社会本身那样复杂多样。社会化与个人所处的文化传统、社会制度、种族、民族、家庭有密切关系。通过社会化，个人获得了从服饰习惯到价值观和自我观念等人格特征。人格既是社会化的对象，也是社会化的结果。

（二）人格的结构

人格是由不同成分构成的一个结构系统，不同成分从不同侧面反映了人格的差异。人格结构系统包括认知方式、动机、气质、性格、自我调控等成分。其中，气质是体现高级神经活动类型上的差异，性格是体现社会道德评价方面的差异。下面笔者主要分析一下气质和性格这两种人格的构成成分。

气质。气质是个人生来就具有的心理活动的动力特征，表现在心理活动的强度、速度、灵活性和指向性等方面，即我们平常所说的脾气秉性。如"娇"黛玉、"莽"李逵、"灵"燕青、"稳"林冲，这些心理差异就是气质差异。人的气质差异是先天形成的，受神经系统活动过程的特性制约。刚出生的婴儿就表现出明显的气质差异，如有的喜吵闹、好动，不认生；有的则比较平稳、安静，害怕生人。

气质说最早源于古希腊医生希波克里特的体液说，他认为人体内有四种液体，即黏液、黄疸汁、黑胆汁、血液。希波克里特根据四种体液的配合从心态上将人分为四种类型。约 500 年之后，罗马医生盖伦进一步确定了气质类型，提出人的四种气质类型是胆汁质、多血质、黏液质、抑郁质。

性格。性格是人格结构的一个重要组成部分，是个人有关社会规范、伦理道德方面的各种习性的总称。性格中包含许多社会道德含义，是一种与社会相关最为密切的人格特征。一个人的性格表现在他的行为举止中，主要体现在对自己、对别人、对事物的态度上和采取的言行上。

性格不像气质那样具有天赋性、没有好坏之分，它是后天在社会环境中逐渐形成的，是个体最核心的人格构成，受个体的价值观、人生观、世界观的影响。所以性格具有好坏之分，体现了一定的社会性与道德性。如在遇到歹徒抢劫时，有人不惜牺牲生命与之奋斗，有人则退缩自保，而有人甚至趁火打劫。这些具有道德评价含义的人格差异，我们称之为性格差异。这将在下一节中做具体介绍。

（三）大学生人格发展的特点

大学生群体与社会其他青年群体相比，他们的知识、智力和教育环境等方面有所不同，因此他们表现出不同的团体人格特征。

1984 年，中国学者曾用修订过的"加利福尼亚心理测验表"对中国大学生进行了调查。结果表明，中国大学生在谦让、克己、忍耐、谨慎、负责等性格特征方面较为突出，说明他们的心理健康程度较高，与现实社会有良好的适应能力。在处理社会、他人和自我的关系时，能够首先考虑社会，反对以自我为中心。在处理人际关系时，他们先考虑社会和他人，这并不是意味着他们追求社会的赞许，而是表现出敢于面对现实、尊重事实的特点，并不过分掩饰自己。在支配与冲动特点方面大学生表现不突出，在社交方面倾向于积极进取；他们具有稳健、从众的性格特点，具有良好的社会化程度。他们在聪慧、敏感等与智力有关的性格特征方面表现较好，但是在"独立成就"和灵活性上的得分均较低。不同学科大学生的性格特征以及性别差异，均有各自的独特性。

二、大学生自我同一性的确立

埃里克森认为，青少年自我的发展就是同一性的发展。进入大学以后，个体继续整合同一性结构和自我系统，寻找有意义的方式以及为社会认可的方式。这个时期是个体同一性巩固的时期，心理社会任务包括：寻找职业道路；发展与伴侣的亲密关系；形成与家庭联系的新方式；确立一系列有意义的价值观以带到成年期的生活中。

（一）自我同一性概念

埃里克森提出了自我发展的八阶段生命周期理论，认为个体在每个阶段都面临着一个独特的心理社会发展任务，埃里克森将其称为"心理社会危机"。如果个体能够成功地完成每个阶段的发展任务，解决了危机，个体就会产生积极的健康的心理状态。教育的作用就在于发展积极的心理品质，避免消极的心理品质。

埃里克森认为，青少年期的发展课题是自我同一性的确立，建立统一感和防止同一性扩散。所谓同一性，是一种发展的结构，有时指一个人对其身份的自觉意识，有时指他对个体性格连续统一体的无意识追求。青少年期的个体处于自我的发现与再整合的时期。他们在各个方面摇摆不定，他们已意识到应该承担很多的社会责任和义务，但又自觉没有能力持久地承担各种义务，因此在做决断的时候往往要进入一个"暂停"的时期，一种避免同一性提前完成的状态。在这个延缓的时期，个体学习并实践各种角色，掌握各种本领，为以后承担责任和义务做准备。在确立自我同一性之前的一段时间，青少年期可以暂时合法地延缓所必须承担的社会责任和义务，因此，青少年期又被称为"心理的延缓偿付期"。这个"心理的延缓偿付期"是指，尽管个体在身体、性、心理方面都表现出独立性倾向，但还是暂缓让他们履行成人的义务和责任。个体可以在这个延缓偿付期接触各种人生观、思想、价值观，尝试着从中选取一些，经过亲身体验，再检验是否符合自己。经过多次反复循环，他们最终决定自己的人生观、价值观，制定自己对将来职业的计划，从而最终确立自我同一性。在现代社会，大学生应该正处于"延缓偿付期"。因为在初中和高中阶段，学生的时间被紧张的学习和考试占满，他们没有时间充分思考自己的问题，探索自我。进了大学以后，在心理和时间上都有余暇，这个时候才是进行真正自我探索和自我确立的时期。

（二）中国大学生同一性的发展

青少年同一性发展的方向和水平，影响着个体人生观和价值观的形成和稳固。许多研究表明，青少年的同一性状态与其心理发展的其他方面密切相关。同一性形成者比其他的个体在心理上更加健康，他们在成就动机、道德推理、同伴亲密性以及事业成熟性上的得分最高。同一性延缓的个体在焦虑测量上的得分最高，在自主问题上表现出了最高的冲突水平，表现出较低的决断性。同一性早期完成的个体表现出了最高程度的决断和偏见，对社会赞许有着最为强烈的需要，具有最低的自主水平以及与父母高水平的亲密性。同一性扩散的个体表现出最高水平的心理和人际问题，他们的社会退缩非常强烈，并且表现出与同伴最低水平的亲密性。因而可以说，自我同一性的发展和确立，是大学生的重要发展任务。

三、大学生同伴关系的发展

在从儿童向成人的过渡时期，个体的社会关系呈现出全新的人际交往模式。他们发展最迅猛的社会性需要是受人尊重的需要、友谊的需要和交往的需要，他们开始疏远成人而热衷于同伴交往，对同伴倾注了越来越多的感情，同时萌生了与异性交往的强烈愿望。相对于前期的生命历程来说，青少年期同伴的影响作用明显增强，同伴关系对其发展具有无以取代的独特作用和重大的适应价值。

（一）大学生友谊的发展

大学生友谊关系的意义。相对于童年期友谊的发展，青少年期的友谊带有更多的感情色彩，意味着更加忠诚、坦率。友谊关系在儿童和青少年期心理健康发展中具有十分重要的作用。心理学家沙利文（H.S.Sullivan）曾指出，作为社会性个体的人有一系列基本的社会需要，包括安全依恋、游戏陪伴、社会接纳、亲密以及异性联系等。在青少年期，朋友逐渐成为满足上述需要的重要来源。青少年愿意与亲密的朋友分享个人的秘密，拥有值得信赖的亲密朋友，这可以增强他们与同伴之间的信任感、接纳感和相互理解感。同时他们也可以向他人提供支持和帮助，体验自我价值。因此，若青少年期个体没有建立起亲密的、具有支持性的友谊关系，他们会感到孤独，自我价值感可能降低。许多研究证实了沙利文的观点，青少年比儿童更多地从朋友处寻求支持和陪伴，更多地依靠他们获得肯定价值和亲密感。歌德曼总结了青少年这一特定时期友谊关系的六大发展功能。

（1）陪伴。青少年朋友间有很多的相似之处，他们有更多的时间相处，愿意协作活动。

（2）放松。青少年与朋友度过快乐的时刻。

（3）工具性支持。青少年从朋友处获知大量的信息、资源和援助等。

（4）自我意向的支持。朋友的鼓励、慰藉和反馈有助于青少年保持积极的自我意象，获得自我同一性。

（5）社会比较。青少年通过朋友的比较可以确定自己在同伴中的地位，明确行为的适当性。

（6）亲密。友谊关系是一种充满深情的、彼此信赖的友好关系，友谊双方可以自由表露自我，彼此分享秘密。

大学生的择友心理。大学生交友择友都有一定的条件，他们按照自己的条件认真选择知心朋友。他们选择知心朋友的标准是多方面的。中央教育行政学院心理教研室曾以"你选择朋友的主要标准是什么"向大学生进行问卷调查。结果表明：多数学生都把"诚实坦率"和"品德高尚"作为选择朋友的首要标准。其次是"聪明有才华和富于创造精神"。最后是性格方面的特点，如"尊重别人""重友谊""兴趣广泛""助人为乐""风趣幽默"等。总体来说，大学生选择知心朋友的标准大体有两个方面。一类是有关相互关系方面的要求；另一类是对朋友的品质方面的要求。从内容方面来看，在事业上，大学生要求知心朋友有理想、有抱负、有事业心，彼此志同道合，有共同的奋斗目标；在品德方面，朋友必须正派、善良、诚实、忠实；在学识上，朋友必须知识面广，有能力，有才华，爱思考。同时大学生也把兴趣爱好相近、脾气性格相通作为选择朋友的标准。

同时，大学生在交友方式上也非常慎重。黄希庭等对北京大学、华东师范大学等11所高职院校的1702名学生交友方式的调查表明，绝大多数学生都认为通过相识，在深入了解甚至经过考验的基础上建立知己关系是最佳的交友方式。这种方式建立的友谊巩固而且亲密。朋友间谈论的内容也是友谊亲密的重要表现。黄希庭对大学生和中学生的调查表明，大学生的友谊比中学生的友谊在心灵共鸣层次上更深入。中学生朋友间经常谈论的中心是学习问题；而大学生朋友间经常谈论的是人生价值和前途问题。大学生把友谊看作是心心相通的桥梁，朋友之间无话不谈，毫无保留。

（二）大学生恋爱关系的发展

在青少年期，个体社会关系网络中包括各种形式的异性关系，青少年与异性的接触显著增多。这种异性交往最初发生在大范围的群体背景下，然后发展到友伴群体内部。随着男女关系的逐渐密切，发展到一对一的朋友，最终出现男女之间的恋爱关系。

恋爱是一种高级的情感交流，是大学生生理和心理发展的自然结果。黄希庭等曾对当代大学生爱情的特点进行过广泛的调查研究。结果表明，我国当代大学生爱情的特点主要表现在以下几个方面。

首先，表现在对待爱情和事业的关系上。结果表明：大多数大学生赞同爱情应当服从事业，爱情不是人生的唯一目的；有33.7%的大学生赞同没有体验过爱情的幸福就不知道生活的价值；有 13.5% 的大学生赞同把爱情放在生命和事业之上。而且，超过半数的男生和女生赞同热恋时多付出些时间是不可避免的。

其次，表现在择偶的态度上。调查表明，男大学生择偶的标准依次为：性格爱好、道德品质，才能，身材容貌，经济条件；女大学生择偶的条件依次为：性格爱好，才能，道德品质，身材容貌，经济条件。同时，大学生在评价爱情与择偶条件时既考虑到现实，也顾及未来。大多数人赞同爱情要建立在真正的相互了解的基础上；部分学生认为在短暂的时间内建立起来的爱情同样能够有美满的结局。总的来说，大学生择偶的态度是现实而慎重的，把对方的性格爱好、道德品质及才能作为择偶的主要条件。

最后，表现在对待爱情道德的态度上。调查表明，多数大学生主张对待爱情应当严肃负责，忠贞专一；认为那种朝三暮四或同时与几个人恋爱是极不严肃、极不负责任的行为；认为在恋爱中越轨发生性行为是极不道德的行为。但随着西方文化的进入，有 30% 的大学生认为，只要双方愿意，婚前发生性行为也不是什么不道德的事情。有关大学生婚恋心理的最近研究表明，大学生对"三角恋爱"或频繁更换恋爱对象的认识模糊。他们在此方面缺乏认真的思考和认识，不少大学生为了排解生活中的寂寞而寻找异性朋友，有一定数量的大学生在选择异性朋友的时候以貌取人、以利取人、朝秦暮楚。其结果往往是给别人带来了痛苦，也给自己带来了很大的心理困扰。在性心理的发展过程中，大学生也存在着很大的矛盾冲突。许多大学生在面对性的问题时往往徘徊于传统与开放观念的矛盾之中，不知该如何来摆脱自己身心发展过程中存在着的不安和压抑。

四、大学生价值观的发展

价值观是一种外显或内隐的、有关"什么是值得的"的看法，它是个体或群体的特征，可能会影响人们对行为方式、手段及其结果的选择。一般认为，价值观是人们对特定行为、事物、状态或目标的一种持久性偏好。价值观并不是与生俱有的，而是通过社会化过程得以实现的。人在社会化的过程中，学习并掌握基本的行为方式和价值准则。青少年期正是个体人生观、价值观开始形成并逐步稳定的时期，这个过程受社会文化的影响，具有很大的社会文化依从性。随着我国改革开放的深入、市场经济体制的建立等，我国的社会经济和文化环境发生了很大的变化，青少年的价值观也会发生一些变化。下面主要从两个维度来介绍我国大学生的价值观特点：个人——集体关系，人生价值观。

（一）大学生的个人——集体主义价值取向

王重鸣等曾对个人主义——集体主义取向的价值观进行了研究，结果表明，在总体上，青少年的价值观是偏向集体的，但同时也表现出在愿意归属集体的前提下仍想保持自己的个性的特点。在大学时期，这种特点越来越明显。而且，随着年龄的增长，青少年的集体——个人价值观越来越趋向于个人主义，乡村青少年比城市青少年更趋向于集体。与美国青少年相比，我国青少年在诸如国家安全、尊敬长者等集体倾向上的得分较高，表明我国青少年比美国青少年更倾向于集体。

公私观念是关于如何看待和处理公与私的关系的认识，涉及个人主义与集体主义的价值取向。张进辅对青少年学生的公私观念进行了考察。结果表明：第一，从总体上看，青少年学生关于公私关系的基本观点按比例依次为：公私两利—先公后私—大公无私—先私后公—自私自利。赞同"大公无私"和"先公后私"的人数超过50%，这表明半数以上的青少年在观念层次上倾向于强调集体和国家利益。这是我国文化价值观念对青少年影响的结果。赞同"公私两利"的比例相当高，父母对青少年的评定也显示了这个特点，表明近年来青少年公私观念的变化。第二，初中、高中与大学之间差异极其明显，表现为初中、高中到大学集体主义取向逐渐减少。这可能与青少年自我意识的逐步发展、所接受的社会信息增多有关。

（二）青少年的人生价值观

人生价值观是一种信念，表现为个体的人生目标是什么，选择什么样的生活道路和方式。其中，价值目标是个体人生价值观的核心。人生价值观对青少年的生活道路与生活方式的选择起指导作用。黄希庭等人对我国2000余名13～22岁的青少年学生的价值观特点进行了调查。其结果表明：中国青少年学生的价值观总体上来看是相当一致的，有所作为、真正的友谊、自尊、国家安全被列为最重要的价值观，内心平静、舒适的生活、兴奋的生活、拯救灵魂被列为最不重要的价值观；有抱负、有能力、胸怀宽广所得的评价最高，整洁、自我控制和服从的评价最低。随着年龄的增长，青少年对"自由""成熟的爱""社会承认""钟情""独立"等价值观重要性的评价逐渐增高，对"世界和平""富于想象力"的评价逐渐降低。而且，在某些具体的价值观上存在着性别差异，表现为男性青少年更看重勇敢等，而女性青少年更看重自尊。中国青少年的价值观与西方文化下青少年的价值观存在明显的差异，表现出对社会文化价值观的内化。

张进辅采用自编词汇选择问卷对639名大学生的人生价值观进行调查。结果发现，大学生最为重视的人生价值观目标依次为：事业成功、国家强盛、纯真爱情、身体健康、知识渊博、心情舒畅、真诚友谊、家庭和睦、美满婚姻、世界和平，而奉献社会、光宗耀祖等排序靠后；他们最愿意采用的价值手段为：拼搏进取、诚实守信、深谋远虑、勇于竞争、量力而行、百折不挠、自我控制、洁身自好、随机应变、埋头苦干，而甘为人梯、循规蹈矩、委曲求全等排序靠后。总体上，男女大学生在人生价值目标及手段上存在较大的一致性。

　　总之，我国大学生的价值取向与人生价值观总体上表现出我国文化背景下特有的特点，如看重国家与集体利益，倾向于集体主义，与西方文化背景下的青少年的价值观有明显不同。并且表现出这一年龄阶段的发展特点，如倾向于平等主义，在人生目标上看重有所作为、事业成功、自由、爱情、友谊等。这些价值取向的形成是个体在成长过程中内化社会价值取向的结果。同时，社会经济的发展变化对大学生的价值观念存在影响，他们在总体上倾向于集体主义的同时，也要求保持自我与个性，城市大学生比乡村大学生更多地表现出个人主义。

第五章 高职大学生的学习动机及其激发

心理学家研究认为，人类行为都具有一定的动机性，也就是说，人的任何活动都是由一定的动机激发并指向一定的目的。为培养全面发展的高级专门人才，对大学生学习动机及有效激发进行深入研究，意义非常重大。

第一节 学习动机概述

动机是人的心理结构的重要方面，是人的行为的直接动力。了解人的动机是掌握和控制人的行为产生、变化和发展的关键。因此，在高等教育中必须研究大学生学习动机，分析大学生学习行为产生与发展的规律，从而促进大学生的学习。

一、动机的含义

（一）动机的概念

动机是引起并维持人们从事某项活动，以达到一定目标的内部动力。动机是直接推动个体活动的动力，人的需要、兴趣、爱好、价值观等都要转化为动机后，才对活动产生动力作用。具体来说，动机包括两个方面的内容：其一，对人的行为发动、维持和促进的能量，直接影响行为的强度和效果；其二，具有某种动机的行为总是指向某一目标，而忽视其他方面，使行为表现出明显的选择性。

动机与需要有着密切的联系。其一，动机与需要是同一的。动机是在需要的基础上产生的，是表现需要的形式。其二，动机与需要存在差异，动机是需要转化而来的。当个体需要的目标存在并强烈企图实现时，需要转化为动机。

动机与行为更是联系紧密。在人的一切活动中，除了一些本能的无条件反射行为外，人的行为都是由动机所推动的，是人的行为的直接动力。因此，对人的动机的认识，就可以了解和预测其行为。当然，在现实活动中，动机与行为的关系并不只是简单地某一动机引起某一种行为，一种动机可以产生不同的行为；同样一种行为可以出自不同的动机。

动机与活动的关系十分复杂。动机是个体活动的内部动力，由一定动机引起的活动应指向能满足个体动机的对象。从这种意义上来说，动机与活动具有一致性。正因为如此，我们可以通过观察个体的活动来推测其动机的性质和水平。根据个体活动的对象可以推测其动机的内容；根据其活动的显著性，推测其动机的强度。例如，个体有了学习动机，才会看书、思考；而学习动机越强，他看书、思考就越刻苦。但动机与活动的一致性并不意味着动机与活动是一一对应的。

首先，动机与活动的目的之间不是一一对应的关系。具有相同动机的人可能有不同的活动目的。例如，许多人具有"为国争光"这种动机，有的人通过刻苦训练，认真比赛，取得好的比赛成绩来为国争光；有的人则通过做好本职工作来为国争光。同时，具有相同目的的人则可能有不同的动机。许多人在为了取得好成绩而努力学习。其中，有人想将来出人头地、光宗耀祖，有的人想将来有个好工作，有的人只是为了让父母高兴。其次，动机与活动效果的关系也十分复杂。一般来说，动机与活动的效果是一致的。良好的动机一般能产生良好的效果；不良的动机则会产生不良的效果。但在现实生活中，动机与活动的效果往往不一致。例如，有的儿童想为父母做一点事，帮着洗碗，结果不小心把碗打破了。

（二）动机的形成

1.需要是动机形成的内在基础

人的动机是在需要的基础上形成的。当人们感到生理上或心理上存在着某种缺失或不足时，就会产生需要。一旦有了需要，人们就会设法满足这个需要。只要外界环境中存在着能满足个体需要的对象，个体活动的动机就可能出现。例如，一个腹中空空行路的人，就会产生吃东西的需要。如果发现了食品店，其想吃东西的需要就会转化为购买食品的动机。但是，并非任何需要都可以转化为动机。只有需要达到一定的强度后，才会转化为相应的动机。当需要的强度较弱时，人们只能模糊地意识到它的存在，这种需要叫意向。由于意向不能为人们清晰地意识到，因而难以推动人们的活动，形成活动的动机。当需要的强度达到一定的程度时，就能为人们清晰地意识到，这种需要叫愿望。只有当人们具有一定的愿望时，才能形成动机。当然，个体的愿望要转化为动机，还要有诱因的作用，否则就只能停留在大脑里。例如，一个人无论多么想读书，如果没有读书的必要条件，他读书的愿望就不能付诸行动，也就不能形成读书的动机了。

2.诱因是动机形成的外部条件

诱因是指能满足个体需要的外部刺激物。想买衣服的人，看到商场陈列的服装，就可能产生购买的动机。商场里的服装就是购买活动的诱因。诱因使个体的需要指向具体的目标，从而引发个体的活动。因此，诱因是引起相应动机的外部条件。诱因分为正诱因和负诱因。正诱因是指能使个体因趋近它而满足需要的刺激物。例如，儿童被同伴群体接纳，可以满足其归属与爱的需要。在这里，同伴群体的作用就是一种正诱因。负诱因是指能使个体因回避它而满足需要的刺激物。例如，考试对一个成绩不好的学生往往意味着自尊心的伤害，因此，他们往往采取种种方式以逃避考试，以维护自己的自尊心。在这里，考试就成了负诱因。已形成的动机推动了个体的活动，而活动的结果又反过来影响随后的动机。

二、学习动机的功能与结构

学习活动是人们社会活动的重要组成部分。依据动机的定义，学习动机是学生学习的重要心理特点，是在学习需要的基础上产生的、激发和维持学生学习活动，并力图促使学习活动趋向教师所设定的目标的心理过程或内部动力。

（一）学习动机的功能

由于人的一切活动都是由动机引起和推动的。同样，学生的学习活动也是由学习动机引起和推动的。具体来说，学习动机在学生的学习活动中具有激活、指向和强化的功能。

首先，激活功能。激活即唤起和引发学生学习行为。在学习需要的基础上，学习动机促使学生产生一定的学习活动。如学生为取得较好的成绩而在考试之前认真复习。其次，指向功能。指向指学生在学习动机的作用下，将自己的学习活动引导向某一特定目标。如在日常学习生活中，为巩固新学习的知识和探讨新的理论，学生会去教室自习，会到图书馆借书；又如，为将来更好地适应社会发展需要，大学生准备本科毕业后继续深造读研，在此学习动机作用下，将自己的学习活动与考研结合。最后，强化功能。强化是指人们的活动动机受其行为结果是否达到预期目标的影响。大致有两种情况：其一，人们的行为达到了预期的目标，其活动动机因为良好的行为结果而得到增强，行为反复发生；其二，人的行为达不到预期的目标，其活动动机因为不良好的行为结果而得到抑制，甚至消退。在学习活动中，学习动机的强化功能体现在学生往往根据自己的学习成绩，对自己后继的学习进行调整。当学习活动仍然指向既定的学习目标时，学生的学习动机受到正强化，努力学习的行为就会继续持续下去；相反，当学生的学习活动偏离或背离既定的学习目标时，学生的学习动机受到负强化，学生学习的积极性就会降低，甚至导致学习倦怠或不学习。

学习动机是学生学习活动的直接动力，是学生学习活动得以发动、维持、完成的重要条件，它必然影响学习效果。一般情况下，具有良好、强烈的学习动机的学生，在学习活动中能专心致志，学习热情深厚持久，遇到困难具有顽强的自制力和坚强的毅力，从而有效地达到学习目标；反之，缺乏学习动机的学生，学习积极性低，在学习活动中表现出马虎、敷衍、不求上进的状态，学习目标难以或无法达到，学习动机直接制约学习积极性。在学习动机与学习效果的认识上，也还应当看到，学习动机是影响学习行为、提高学习效果的一个重要因素，但不是决定学习活动的唯一条件。研究表明：有些学生在学习过程中其学习动机强，学习积极性也高，但学习不认真，耍小聪明，学习效果往往不理想；而有些学生学习积极性并不高，但已养成做事认真、踏实的态度，这样的学生可能会取得较好的学习效果。

（二）学习动机的结构

学习动机是在学习需要基础上产生的，激发和维持学生学习活动，并力图达到社会和教育对学生的客观要求的心理特点。据此，可以将学习动机的基本结构大致分成两个方面，学习需要和学习期待，二者在学生学习过程中相互作用。

1. 学习需要与诱因

学习需要与诱因作为学习动机的必要条件而存在。学习需要是社会和教育对学生学习的客观要求在学生头脑中的反映，是个体在学习活动中感到某种欠缺，而力求获得满足的心理状态。它表现为学生学习的兴趣、爱好、信念等学习愿望或学习意向。这种愿望或意向是驱使学生进行学习的根本动力。学习需要是学习动机的基本成分。

诱因是引发个体行为的外界原因。按其内容，诱因大致分为三类：理智的诱因，如目标与反馈；情绪的诱因，如表扬与批评（奖励与惩罚）；社会的诱因，如人与人之间的竞赛等等。按其性质，诱因可以分为两种：其一，积极诱因，是驱使个体趋向或接近并可获得满足的目标物，即正诱因；其二，消极诱因，是驱使个体竭力避免或躲避的目标物，即负诱因。如果说，需要是引发动机的内部因素，那么诱因可以看作是引发动机的外部因素，因而，诱因也是动机基本结构的组成部分。在现实生活中，人的行为及其动机离不开需要与诱因的相互作用。

在大学生学习过程中，学习的诱因对大学生学习动机产生影响。所谓学习诱因，是指能够激发大学生学习的定向行为，并能满足其学习需要的外部条件或刺激物。其中，学习的积极诱因，引起学生学习的积极行为，驱使大学生趋向或接近学习目标。例如，大学生在学习中信心不足时，老师、同学对其鼓励，老师生动透彻的教学，志同道合的同学、朋友在学习中的相互帮助等等。学习的消极诱因，会引起大学生学习的消极行为，是大学生竭力避免或躲避的。例如，在大学生学习过程中，学习困难，多门成绩挂"红灯"；由于种种原因，在学校中人际关系紧张，感到孤独；等等。

学习需要与学习诱因是紧密联系的。一般来说，既没有无学习需要的学习诱因的存在，也没有无学习诱因的学习需要的存在。大学生在现实的大学学习中，其学习动机往往是由学习需要与学习诱因相互作用决定的。

2. 学习期待

期待是个体对从事活动所要达到目标的主观估计，是客观的活动目标在头脑中的主观反映。

学习期待是学习动机的又一基本要素，在大学生学习活动中，大学生根据自己的能力和学校对学生的要求，对自己力图达到的学习目标的自我评价与判断，是个体对自己能力、经验、客观条件、目标难度等各方面加以权衡、考虑之后的综合预想水平。正确、积极的学习期待激发大学生积极进取的学习行为。为激发大学生的学习动机，应当分清学习目标与学习期待。学习目标是各个大学生通过自己的学习活动要达到的预期结果。例如，某门课程至少应获得"优秀"，某门课程只要通过就行，等等。学习期待则是学生学习过程中体现出来的心理特点，它是学习目标在学生头脑中的反映。

在学生现实学习过程中，学习期待与学习目标可能相一致。这是因为学生通过自己的努力学习使自己的学习目标得以实现。但二者往往不相一致，它表明由于种种原因，设定的学习目标与学生的自我主观判断之间存在差距。研究表明，学习期待的强烈程度对学生学习动机有着强化或抑制作用，因此，重视研究学习期待，帮助大学生确定合适的期待水平，对激发大学生学习动机有着重要意义。

总之，学习需要与学习期待是学习动机的两个基本成分，紧密相连。学习需要是个体从事学习活动的根本动力，它引发学习期待。学习期待是指向学习需要的满足，促使学生努力达到学习目标。

三、学习动机的种类

在高职院校学习的大学生来自社会的方方面面，他们的学习动机也千差万别。高职院校教师必须研究和把握大学生学习动机，因材施教，从而有利于高职院校的教学和人才的培养。

（一）主导学习动机与非主导学习动机

根据学习动机对行为作用的大小和地位，可以将动机分为主导学习动机和非主导学习动机。主导学习动机是个体最重要、最强烈的、对行为影响最大的动机。非主导学习动机是强度相对较弱、处于相对次要地位的动机。人的行为实际上是由不同重要性的动机构成的动机系统决定的。在这个动机系统中，主导动机可以抑制那些与其目标不一致的动机，对个体的行为起决定性作用；非主导动机则起辅助作用。主导学习动机表现在学生把学习与国家、社会的利益、发展集合在一起，明确自己身上担负的社会责任，认识到只有自己通过刻苦努力的学习，掌握现代科学文化知识，才能为国家的经济繁荣与发展有所贡献。非主导学习动机则是把努力学习只与个人的一己私利结合，认为努力学习是为了出人头地，是为了"治人"。不同的学习动机对于大学生健康成长、成才往往产生不同的结果。

（二）内部学习动机和外部学习动机

从学习动机的动力来源看，学习动机可分为内部学习动机和外部学习动机。内部学习动机是指个体内在学习需要所引发的学习动机，如大学生强烈的求知欲、浓厚的学习兴趣等。内部学习动机会使得学生自觉、主动地学习，并取得良好的学习效果。

外部学习动机是指由奖惩等外部诱因所引起的学习动机。例如，一些学生往往为获得奖学金、三好学生称号、他人的赞赏，或避免受罚而尽力学习。他们进行学习活动的动机不在学习任务本身，而在学习活动之外。由外部学习动机支配的学生，可能也能取得良好的学习效果，但是，由于学习的动力在于外部，学习的动力往往不能持久，遇到挫折可能气馁。在大学生学习活动中，两类学习动机可以相互转化。如许多外部学习动机，如评优秀学生也是学生成就动机的当然目标。

在高职院校教育过程中，既要引导和培养大学生健康、强烈、持久的内部学习动机，同时也要重视外部学习动机的重大作用，积极创设和利用外部学习动机，如通过一定仪式表彰优秀学生，来满足当代大学生在被尊重、出成就等方面的需要。同时，应当有意识地促进外部学习动机向内部学习动机转化，使之有力地促进大学生努力学习和进取。

（三）直接性学习动机和间接性学习动机

根据学习动机与学习活动的相互关系，可将学习动机划分为直接性学习动机和间接性学习动机。直接性学习动机是指学生的学习活动是与学习动机直接相关的，是为获得高分、赞赏、奖励、避免受惩罚而努力学习的学习动机。这种动机往往稳定性较差，易受环境变化影响。例如，在学校里可能存在这样的现象：大学生往往因某老师专业知识扎实，教学效果良好而喜欢上该门课程，并努力学习。但在换了老师之后，许多学生总会出现有意或无意地对新老师的心理排斥、对该门课程兴趣骤减、成绩下降的现象。

间接性学习动机是指学生的学习动力在于学生对学习的社会意义的认识和自己长远目标的价值。大学生努力学习除了为学习的求知欲和兴趣、获得赞赏等直接动机之外，还包括自己的学习应为祖国的发展、科技的进步、社会的繁荣承担社会责任。随着年级的升高，间接性学习动机在大学生学习中日益加强。例如，在山东大学进行"你认为为什么要努力学习？"的问卷调查中，认为学科重要的占77%，学科吸引力占46%，毕业工作需要占44%。合肥工业大学在相类似的一项研究中也得出相近的结论。其中，认为应当多学习知识的占69%，知识的实用性占68%，对所学习课程感兴趣的占65%，等等。间接性学习动机比较深刻、稳定而持久，它对于大学生的学习，乃至成才往往具有决定意义。

大学生的直接性和间接性学习动机是既相互区别，又相互联系、相互作用的。一个刻苦学习努力成才的大学生背后往往是这两类动机相互作用的结果。因此，必须从两方面着手，因材施教。一方面培养大学生直接性学习动机，使大学生认真对待学习中的每一环节，在得到良好的评价中不断进取；另一方面引导大学生树立健康稳定的间接性学习动机，使直接性的学习动机深化，促进大学生努力学习的持久与发展。

（四）近景的学习动机和远景的学习动机

根据学习动机与学习活动内容的关系，可将学习动机划分为近景的学习动机和远景的学习动机。

一般来说，学生的学习动机与其在学校的学习任务直接相关。我们把学生为尽可能好地完成学校规定的教学内容、教学大纲，去争取较好成绩，称为近景的学习动机。远景的学习动机是与近景的学习动机交织在一起的，学生在学校里的学习，其深层次的根本动力可能是目标在未来的社会发展，是争取未来的理想工作、优厚的待遇，较高的社会地位，为祖国的强盛而努力学习，等等。大学生远景性的学习动机往往因其个体的经历、社会阶层等各个方面的原因而形成较大的差异。对大学生而言，近景的学习动机和远景的学习动机都是不可缺少的。

近景性学习动机与远景性学习动机的划分是相对的。与一种学习动机相比是近景性的学习动机，而与另一种学习动机相比则可能是远景性学习动机。

四、大学生学习动机的特点

学习是个体获得知识和技能的过程，在这个过程中有许多特点，如学习的迁移作用、学习（练习）中的高原现象等，它们都对学习产生着不同的影响。当代大学生学习动机因其生活阅历、教育实践和社会环境的影响而不断变化，在学习活动中表现出独特的特点。

（一）学习动机的多元性

动机是人们需要引起的达到一定目标的心理特点。因此，人们的需要决定了人们的活动动机。学习动机是学习需要引起的，因此同样可以说，学习需要决定了学生的学习动机。

黄希庭于1986—1987年采取开放式问卷方式，在北京大学、西北大学、同济大学、四川大学、重庆大学、西南大学和西南大学等7所高职院校进行"每个大学生都有种种需要，请你把你感觉到的需要都写出来"问卷调查，在回收（邮寄700份）的有效问卷中大学生列出的需要达830种之多，其中不乏种类繁多的学习动机。毫无疑问，我国在校大学生需要的多样性，必然决定了其学习动机是极其多样的。比较中学生而言，大学生的学习动机显得复杂得多。其最主要的原因是大学生的学习不再像中学生那样只是为了升学。他们已经是没有领工资的成年人，他们中的一些人准备继续深造，但大部分人面对的是竞争日益激烈的社会，他们的学习动机千姿百态。

（二）学习动机的复杂性

大学生学习动机不仅是多元的，而且相互渗透，呈现出复杂性的特点。大学生的学习动机十分多样，有人从内容上分为四大类：第一类是报答性学习动机。如或者为光宗耀祖、报答父母养育之恩，实现家庭亲人美好期望，或者为不辜负老师期望，或者实现找一个出色伴侣组织家庭等。第二大类是属于谋求职业和生活保障的学习动机。如能在城市工作，获得一份好职业，得到较好的物质生活待遇。第三类是属于发展自我和自我实现的学习动机。如为满足自尊心和求知欲，发挥自己潜能等。第四类是具有社会意义的学习动机。如履行当代青年的社会义务，为民族振兴、祖国富强和繁荣做出较大贡献等。上述大学生学习动机的区分不是绝对的，在大学生学习过程中可以在同一个大学生身上得到体现，也可能在某大学生群体中显现。而且在社会发展的不同时期也存在差异。如有的大学生较多地考虑到个人生存和发展，对于祖国和社会的义务则较为淡薄；有的大学生有着强烈的学习兴趣和欲望，关注国家的发展和现代科学技术的进步，因此更专注于钻研专业知识；等等。

（三）学习动机的间接性

有人对不同年级大学生的学习动机进行研究，发现对所学知识的兴趣，对分数、赞赏的追求，避免受罚等而努力学习的大学生，在大学一年级占25%，二年级占24%，三年级为21%，到大学四年级只有16%。大学一年级占25%的比例说明有相当多的低年级大学生的学习动机仍然由直接性学习动机所左右。这是因为刚入校的大学新生由于其心理尚未完全成熟，对高职院校学习不甚了解，长期的应试教育的学习方式的定势仍然影响、左右着刚刚走进高职院校大门的大学生的头脑。直接性学习动机是由大学生学习的直接兴趣和直接结果所引起的，它在学生一定的学习阶段有积极意义，但毕竟所要达成的目标较近、较具体，所持续的时间相对较短，也较不稳定，所以很容易受到客观环境变化影响。大学生如果仅仅限于直接性、功利性的学习动机中，对其全面发展是不利的。

大学生直接性的学习动机随着年级的升高而逐年减弱。间接性的学习动机逐渐成为大学生的主要学习动机。

（四）学习动机的社会性

随着大学生年级的升高，大学生当前的、功利性的学习动机呈现逐年减弱的趋势，而社会责任感的学习动机得到培养和提高。有人在研究大学生学习动机中，发现在一年级，有91.3%的大学生主要是为"争口气""报答父母恩情"，而到了三年级、四年级，"为社会多做贡献""有所建树"的大学生占到了89.5%。这说明高年级大学生学习动机较低年级学生表现出更强烈的社会责任感，其学习动机的社会性意义日益增强。

（五）学习动机的职业性

我国在校大学生进入高职院校学习，在所报学校和专业上，他们中的绝大多数是按所报志愿录取的，也有一部分是由于种种原因以服从分配方式入学的。不论哪种情况的大学生，在刚刚进校时往往可能都存在专业思想巩固问题。其中，服从分配入校的不必多说，即使是那些以所报志愿录取的大学生往往同样存在对所学专业的动摇。这是因为这些大学生进入某校某专业往往因为高考成绩、家长意见等影响，而并非出于自己的志愿，即使有些大学生虽然完全出于自己的志愿，也可能对所选专业不甚了解，深入学习后感到失望。

但随着年级的升高，学习不断深入，他们对所学专业的认识、感受日益加深。他们更加广泛接触社会，特别是他们直接面临就业的重大人生转折，他们较低年级大学生更关注现实，他们把学习的内容与大学生未来就业需要的知识日益紧密结合，逐步认识到所学专业与国家建设与发展的意义。同时也在学习中渐渐消除了对所学专业的某些偏见和逆反心理。高年级大学生这种职业定向性的学习动机不断获得增强与巩固。他们不仅认真努力地学习学校开设的与将来可能的工作相关的课程，而且主动通过各种方式、途径拓展这类课程知识，争取获得与专业相关的各种证书。

第二节　学习动机理论

严格地讲，心理学领域并没有专门的学习动机理论。心理学家只是从不同学派角度提出关于一般动机的不同观点，借助这些相关成果，我们得以解释人的学习行为。

一、需要层次理论

需要的层次理论是美国心理学家 A.H. 马斯洛（1908—1970）提出来的。他认为，人的需要包括不同的层次，而且这些需要都由低层次向高层次发展。层次越低的需要强度越大，人们优先满足较低层次的需要，再依次满足较高层次的需要。马斯洛把需要分为五个层次，即生理需要、安全需要、归属与爱的需要、尊重的需要和自我实现的需要。

（一）生理需要

生理需要是最基层的需要，是指维持个体生存与种族繁衍的需要。如个体对食物、空气、睡眠、性、母性等的需要。马斯洛指出，如果所有的需要都得不到满足，那么有机体就会被生理需要所支配，其他需要简直变得不存在了，即被生理需要掩盖了。古人说"衣食足而知礼仪"，就是这个道理。

（二）安全的需要

安全的需要是指对安全的环境、恒定的秩序、避免伤害和威胁的需要。一般而言，当生理需要得到满足以后，安全的需要就随之产生了。但在面临危险或威胁时，人们会把安全看得比一切都重要。在现实生活中，一般人的安全需要是基本得到满足的。但我们依然能看到表现安全需要的现象。如在房子上安上防盗门窗；喜欢稳定的工作；避免从事危险的工作；参加各种社会保险；注意食品、药品卫生；等等。

（三）归属与爱的需要

归属与爱的需要就是指个体希望获得别人的爱和爱别人的需要，也就是希望与别人交往，并与别人建立亲密关系的需要。例如，儿童希望与小伙伴建立友谊，希望得到教师和父母的爱。归属与爱的需要是在前两种需要基本满足以后产生的。

（四）尊重的需要

个体在前三种需要基本满足后，就会产生尊重的需要。尊重的需要是指个体追求体现个人价值的需要。尊重的需要包括自尊和他尊两方面。自尊就是个体对自己的尊重。如自强、自信、自主、支配他人、胜任工作、取得成就等，都是自尊的具体表现。他尊是指别人对自己的尊重。如追求名誉、地位、尊严、威信、获得别人承认、引起别人注意和欣赏等，都是他尊的具体表现。

（五）自我实现的需要

自我实现的需要就是指个体希望最大限度地实现自己潜能的需要。艺术家要创作，科学家创造发明，每个人都想把自己的工作做得尽善尽美，这些都是自我实现需要的体现。自我实现的需要是在其他需要都基本满足以后才产生的最高层次的需要。

马斯洛认为，需要的产生由低级向高级的发展是波浪式地推进的，在低一级需要没有完全满足时，高一级的需要就产生了，而当低一级需要的高峰过去了但没有完全消失时，高一级的需要就逐步增强，直到占绝对优势。

马斯洛的需要层次理论系统地探讨了需要的实质、结构以及发生发展的规律。这不仅对建立科学的需要理论具有一定的积极意义，而且在实践上产生了重要影响。许多企业家就是依据这个理论，制订满足职工需要的措施，以调动职工的工作积极性。但马斯洛的需要理论也存在一定的不足。首先，马斯洛把生理需要、安全需要、归属与爱的需要、尊重的需要都称为基本需要，并认为这些需要是与生俱来的，需要的发展是一种自然成熟的过程，这严重低估了环境和教育对需要发展的影响；其次，马斯洛强调个体优先满足低级需要，忽视了高级需要对低级需要的调节作用。连他自己也承认，他"并不完全了解殉道、英雄、爱国者、无私的人"。

二、强化学习理论

（一）联结学习理论

以华生、斯金纳为代表的早期的行为主义心理学家在解释行为或学习产生的原因时，总是与刺激、惩罚、强化、接近、示范等概念相联系。他们倾向于把动机看作是由外部刺激引起的一种对行为的冲动力量，并特别重视用强化来说明动机的引起和作用。在他们看来，人的某种学习行为倾向完全取决于先前的这种学习行为与刺激之间因强化而建立的牢固联系。强化就是指在条件反射作用中，影响刺激—反应联结强度，或增强条件反应出现频率的程序。

这种以刺激与学习者反应（S—R）为中心概念的联结学习论认为，不断强化可以使联结得到加强和巩固，任何学习行为都是为了获得某种报偿。只要对个体表现的行为给以需求上的满足，就会保留强化该行为。因此，在学习活动中，采用各种外部手段如奖赏、赞扬、评分、竞赛等可以激发学生的学习动机，引起其相应的学习行为。

一般来说，强化有正强化和负强化之分。正负两种强化都具有加强行为的作用，都对学生的学习动机产生影响。

（二）社会学习理论

当代社会心理学家班杜拉创立的社会学习理论是行为理论和认知理论相互交叉、彼此渗透的产物。它在强调环境影响的同时，还强调个体内在认知也是构成学习的重要因素，将强化视为个体对环境认知的一种讯息，并把强化分为三种：一是外部强化，即通过外部因素对学习行为进行强化，如奖励和惩罚便是两种常用的外部强化方式。二是替代强化，即通过一定的榜样来强化相应的学习行为和学习行为倾向。三是自我强化，即学习者根据一定的评价标准进行自我评价和自我监督来强化相应的学习行为。在教学情境下，其他同学的优异表现，教师的德艺双全，都可引起学生的内心认同，而通过观察学习和模仿促进、提升学习动机，形成良好的学习效果。所谓"见贤思齐"便是这个道理。

强化动机理论对学校教学产生很大影响，"二战"后的美国，甚至全世界的学校教育都广泛采用了斯金纳的操作条件反射作用的学习理论与方法，如编序教学（PI）、电脑辅助教学（CAI）与凯勒计划等。我国学校教育也广泛采用强化原则，通过表扬与批评来激发与维持学生学习动机。特别在中小学阶段，在升学压力下，教师、家长常用物质奖励、精神支持或其他惩罚措施来控制学生学习，有时效果也确实比较明显。但进入大学阶段，由于大学生学习的特点，这种重视外在学习动机而忽视内在学习动机的教学方式，日渐失效。由于强化学习动机理论是外控性的，表现在教学上就是强调分数、排名，并根据分数和排名给予激励、控制学生学习的目标，而忽视学生内在学习动机的培养。在强大的外部学习诱因环境中，学生很容易为追求奖励而读书，为追求分数而求知，被动地应付读书考试，原有的好奇和求知的兴趣、自身的学习热忱日渐被压制下去。同时，对于不受重视的学科和不举行考试也不计算分数的活动不再积极参与，造成求知兴趣窄化。学业以学科分数定排名，分数变成了读书的唯一目的，致使学生体会不到学习的乐趣，求知欲受到抑制，影响学习积极性。

三、认知学习理论

认知派的观点强调的是内部动机作用，如学习的满足或成就感。人们被看作是主动地、千方百计地探寻信息去解决与他个人有关的问题，为了专注于自己选择的目标，甚至可以忍受饥饿、承受苦难。人们喜欢某项工作本身，就会十分努力地工作，完成任务。

（一）归因理论

最早提出归因理论的是海德，他认为，人们的大部分行为由两种需要驱动，一是理解世界的需要，二是控制世界的需要。受这两种需要驱动，人们开始试图预测将来的行为。在海德看来，行为的原因或者在于环境，或者在于个人。环境的原因如他人影响、奖惩、运气、工作难易等，如果将行为原因归于外在环境因素，即情境归因，则个人对其行为结果可以不负什么责任。个人原因如人格、动机、情绪、态度和能力等，如果将行为原因归于个人性格等，即性格归因，则个人应当对行为结果承担责任。一般而言，当个体作为观察者解释他人行为时，倾向于采取性格归因；在对自身行为活动进行归因时，则倾向采取情境归因。

韦纳的归因理论是考察人们对任务成功与失败的情感和认知的一种理论模式。根据实证研究的结果，韦纳对行为结果的归因进行了系统探讨，提出六因素三向度归因理论。六个因素分别是能力高低、努力程度、工作难易、运气好坏、身心状况和其他因素。三个向度是：因素来源（内部归因和外部归因），稳定性（稳定性归因和非稳定性归因），可控制性（可控制性归因和不可控制性归因）。

韦纳认为，根据三个向度可将成败做八类归因。内部稳定的可控因素，如自控水平。这类人认为学习成功是由自控及时和有力的结果，而自控水平低则易致学习失败，所以他们比较注意提高自己的自控水平，以争取获得好成绩。内部稳定的不可控因素，如能力高低。此类学生认为学习好是由于能力强，他就会信心十足；学习差是由于能力低，他就会丧失信心，听任失败。内部不稳定的可控因素，如努力程度。这类人如果学习成功，就会鼓励自己继续努力，并预期自己再次获胜；如果学习失败，就会相信只要自己努力，就一定会获得成功。内部不稳定的不可控因素，如身心状况。如果一个学生认为只有身体健康、精力充沛才能取得好成绩，他就会注意锻炼身体，重视心理卫生，以保持和促进身心健康。外部稳定的可控因素，如学习方法。这类学生会自觉改进学习方法，逐步学会学习。外部稳定的不可控因素，如任务难易。这类学生把学习不好归因于任务困难，倾向于埋怨客观，满意感较少。外部不稳定的可控因素，如他助多少。这类人如果学习不好，就会认为是因为未能得到他人的帮助，并因此注意协调人际关系，争取他人帮助。外部不稳定的不可控因素，如运气好坏。

韦纳认为：第一，当个人将成功归因于能力和努力等内部因素时，他就会满意，信心增加，而将成功归因于任务容易和运气好等外部因素时，产生的满意感就较少。如将失败归因于缺少能力或努力，就会产生羞愧和内疚，而将归因于任务太难和运气不好时，产生的羞愧感则较少。第二，在付出同样努力时，能力低的应得到更多的奖励。第三，能力低而努力的人受到最高评价，能力高而不努力的人受到最低评价。

韦纳发现，在师生交互作用的教学过程中，学生对自己成败的归因并非完全以自己的考试分数的高低为基础，还受教师对他成绩表现所做反馈的影响。

（二）自我效能理论

自我效能论由社会学习论的创始人班杜拉所提出。其基本观点是，当面对一项挑战性工作时（如竞争性考试），个人是否主动地全力以赴，将决定于他对自身自我效能的评估。所谓自我效能，指个人根据以往经验，对某一特定工作或任务，经多次成功体验后，确信自己有能力成功处理的主观判断。班杜拉研究表明，个体对自我效能的评估取决于四个方面的经验：一是直接经验，即自身以往从事同类工作时的成败经验。二是间接经验，由观察学习间接的别人的经验。三是书本知识或别人意见，指由阅读或与他人交往获得的经验。四是身心状况、情感的激发等。一个人高兴、悲伤、恐惧、愤怒等情绪都可能改变行为及自我效能感，过去成功或失败的情绪体验都可能影响自我效能感的判断。

班杜拉指出，这四类影响因素中最主要的为个体直接经验，即由自身行为直接体验的成败经验。一般来说，成功经验会提升自我效能感，而失败经验则会挫伤自我效能感。当然，若将成功因素归因于外部不可控因素，如运气、他人帮助等，则不会增强效能感；而将失败归因于内部可控因素时就不一定会降低效能感。

班杜拉等人的研究还指出，自我效能感在学习活动中具有以下功能：第一，决定人们对学习活动的选择及对该活动的坚持性；第二，影响人们在困难面前的态度；第三，影响新行为的获得和习得行为的表现；第四，影响学习时的情绪。

自我效能感理论克服了传统心理学（行为主义和认知学派）重行轻欲、重知轻情的倾向，日益把学生个体的需要、认知和情感结合起来研究人的动机，重视学生个体自我效能感的培养。对于在培养学习动机这一内在心理过程中，要注意发挥受教育者本身作用方面具有重要启示。在教学中，应着力培养学生建立稳定的自我效能感，以提高正确看待自身能力的判断。当个体确信任务的价值、性质，并确信自己有足够能力去实现时，个体的动机才能被最大限度地激活。在教学过程中，应注意让学生体验到成功的、自我肯定的愉悦感，培养学生稳定的自我效能感和长期的自我价值感；而不应一味地使学生觉得自己能力有限、无法成功，影响教学任务的完成和教育质量的提高。

（三）自我价值理论

自我价值论由美国教育心理学家卡芬顿提出，主要从学习动机的负面着眼，试图探讨"有些学生为什么不肯努力学习？"的问题。

他认为：首先，自我价值感是人们追求成功的内在动力。社会上一向看重成功，儿童从小就知道，努力学习能取得优秀成绩，进而感到满足、自尊心提高、自我价值感增强。在多次经历之后，能力—成功—自我价值感三者之间就形成前因后果的链锁关系，而追求自我价值感就成为个人追求成功的内在动机。事实上，大学生努力学习，除为获得良好成绩和奖学金之外，更多的是为获得更高的自我价值感。

其次，区别对待成功与失败，采取不同的应对策略以维护自我价值感。卡芬顿通过研究发现，成功的学生倾向于将成功的原因解释为自己的能力，而非自身努力的结果。因为成功于自己能力，能获得更多的自我价值感，因为努力人人可为，但能力却唯我仅有。而在长期追求成功却无法获得的情况下，学生为逃避失败后的痛苦，维持自我价值，他们既不承认自己能力不足，又不认同努力学习就可获得成功的看法。因此，常会看到有学生能力不差但总不努力学习的情况。

最后，学生对能力与努力的归因随年级而变化。卡芬顿研究发现，随着学生年级的升高，学生的学习动机强度降低。低年级学生最看重努力，而高年级学生则认同能力而非努力。当今大学受社会浮躁风气影响，家庭背景、人际关系网、交际手段等潜规则对取得成功的巨大影响不断在大学生心中得以强化，部分大学生对努力学习的作用产生不同程度怀疑，并由此极大地影响学习动机。

卡芬顿的研究结果显示，学校教育中存在两个严重问题：一是有能力的学生不肯读书；二是学生接受教育时间愈久，读书机会愈多，反而愈不喜欢读书。它启示我们应反思学校教育中存在的这些反常现象，促使学生产生持久的学习动机。我们日常所强调的教育目的，如发展品格、启迪心智、强健体魄，实现德智体美的全面发展，只是教育者的目的，是远景目标。而作为受教育者的学生最直接的目的就是要在每一门科目上获得成功的学习，因为学习动机原本就是"因知而进一步求知的内在动力"，学生只有连续地在课程科目上取得成功学习，学习动机才能不断强化。所以，辅导学生认识近期学习目的，培养学习动机，应该被视为教育的重要方面。

四、成就动机理论

（一）默里理论

在成就动机领域中，最早的研究来自默里。他认为，成就需要是一种普遍的需要，是"克服障碍、施展才能、力求尽快尽好地解决某一难题"。成就动机是在人的成就需要基础上产生的，是激励个体乐于从事自己认为重要的或有价值的工作，并力求获得成功的一种内在内驱力。作为一种主要的学习动机，成就动机是人类独有的、后天获得的具有社会意义的动机。

默里及其同事是在主题统觉测验中和关于人类动机假设中提出成就动机的，还以实验的方式测量成就动机，对提高人们成就动机水平做出尝试。研究证明，尽管成就动机是相当稳定的因素，但可以通过学习和经验加以改变。人们对新任务的最初尝试经验对于成就动机是十分关键的，因此教师应尽量提高一年级新生考试通过率，以避免挫伤其学习积极性和自信。此外，研究者还指出，人们成就动机的差异性部分是早期抚育方式不同所造成的，如母亲对孩子进行的早期独立性训练，父母对成就的高期望和高奖赏等。

（二）麦克里兰理论

20 世纪 50 年代末 60 年代初，麦克里兰在各种实验条件下对不同年龄、不同特征的被试的成就动机做了大量的研究。有一个让 5 岁的儿童当被试的实验。让一个孩子走进一间屋子，手里拿着许多绳圈，让他用绳圈去套房间中间的一个木桩。孩子们可以自由选择自己站立的位置，并且让他们预测他们能够套中多少绳圈。结果发现：追求成功的学生选择了距离木桩适中的位置，然而避免失败的孩子却选择了要么距离木桩非常近，要么距离木桩非常远的地方。研究表明：成就需要高的人，喜欢对问题承担自己的责任，能从完成任务中获得满足感。实验中追求成功的孩子选择了与木桩距离适中的位置，就是选择了具有一定挑战性的任务，但同时也保证了具有一定的成功可能性。而成就动机低的人，因为要尽力地避免失败及消极情绪，所以要么距离木桩很近，以轻易成功；要么距离木桩很远，几乎没有成功的可能，这是任何人都达不到的，因此也不会带来消极情绪。同时，麦克里兰还发现，成就动机的水平与完成学业任务的质与量紧密相关。高成就动机者在没有外力控制的环境下仍能保持好的表现，在经历失败的过程中，高成就动机者在任务的坚持性上比低成就动机者强。因为他们在归因时倾向于内部归因，成功的经验使他们更相信自己的能力，一旦失败，他们会更加努力地去完成任务。避免失败的学生正相反，他们自信心不强，倾向于外部归因，由于他们认为自己的能力有限，他们往往设置一些不切合实际的目标，同时又不付出足够的努力，而不断的失败导致了他们形成对自己能力不足的固定看法。由于他们将失败归因于缺乏能力，而将成功归因于运气、机遇、任务简单。这样无论成功还是失败对他们都没有积极的影响。

（三）阿特金森理论

阿特金森对成就动机理论的主要贡献是，他提炼并明确区分了成就动机中的两种不同倾向：一是力求成功的需要；二是力求避免失败的需要。人在这两种特征的相对强度方面各不相同，可以分为力求成功或力求避免失败这两种类型的人。阿特金森认为，生活使人面临难度不同的任务，他们必然会评估自己成功的可能性。力求成功的人旨在获取成就，并选择能有所成就的任务，成功概率为 50% 的任务是他们最有可能选择的，因为这给他们提供了最大的现实挑战。如果他们认为成功完全不可能，或胜券在握，动机水平反而会下降。反之，避免失败的需要强于力求成功愿望的人，在预计自己成功的机会大约有 50% 时，则会采取回避态度。他们往往选择更易获得成功的任务，以便自己免遭失败；或者选择极其困难的任务，这样即使失败，也可为自己找到合适的借口。

阿特金森还列举两个公示以表示不同成就动机倾向：（1）求成动机倾向 TS=MS×PS×IS；（2）避败动机倾向 TF=MF×PF×IF。其中 T 代表成就期望，其强度取决于 M（个人对取得成功或避免失败的稳定长久的兴趣，属人格特质方面）、P（对在任务上取得成功或失败可能性的估计，它受到当事人过去经验，对别人经验的观察及当时竞争程度等影响）、I（对目的和任务价值的主观评价）。由此可见，阿特金森认为无论是追求成功的动机或避免失败的成功都基于这三个因素，而由于追求成功和避免失败的动机在活动中同时起作用，因此实际上完成某项活动的动机强度 TA 等于二者之和，即 TA=TS+TF。值得注意的是，这一理论的特殊假定是 IS=1-PS，即如果成功的可能性低，那么成功的激励值就大。如报考某名牌大学对某生来说是较难实现的目标，但正因如此，对于某生的主观价值也更为抬高；对于较易考上的学校，其主观价值也有可能因此下降。他指出，在考察人的成就动机水平时必须将这两方面结合起来加以综合考虑。

（四）奥苏伯尔理论

奥苏伯尔（D.P.Ausubel）是美国纽约州大学研究院的教育心理学教授，是认知派的代表人物之一。他认为成就动机组成因素有三方面的内驱力：一是认知内驱力，即个体力求获得知识、技能，善于发现并解决问题的能力的需要，如好奇心、求知欲等；二是自我提高的内驱力，即个体把学业成就看成为自己赢得相应地位的需要，如自尊心、自信心、胜任感等；三是附属内驱力，即个体力求成功是为了获得他人，如父母、老师等长辈和同辈群体的赞许、喜欢和认可的需要。这三种内驱力在学习活动中的作用不是固定不变的，通常随着学生年龄、性别、个性特征及所处的社会历史和文化背景的变化而变化。

成就动机理论把动机的情感方面与认知方面结合起来，并用数学模式简明地表述出来，揭示出了影响成就动机的某些变量和规律，并用实验检验和证实了其理论假设的合理性和客观性，这对动机理论的建立和发展有着深远的意义与巨大的贡献。但同时由于其不完善性，它还不能很好地说明成就动机的本质和发生、发展的条件以及影响成就动机的各种变量，所以还存在一些缺陷。

第三节　大学生学习动机的激发

学生的行为要受到动机的支配，如有的学生是为了振兴中华而发奋学习，有的是为了考上好学校而努力学习，有的是为了得到好分数获得父母、老师的赞扬而学习，有的则是因为有兴趣乐于学习等。

动机的激发是指通过某些刺激使人发奋起来。动机的激发也称"激励"。通俗地说，调动人的积极性。心理学家研究认为，人类行为都具有一定的动机性，也就是说，不存在无目标导向的人类行为。人的动机多起源于人的需求欲望，一种没有得到满足的需求是激发动机的起点，也是引起行为的关键。因为，未得到满足的需求会造成个人的内心紧张，从而导致个人采取某种行为来满足需求以解除或减轻其紧张程度。动机激发过程，实际上就是人的需求满足的过程，它以未能得到满足的需求开始，以得到满足的需求而告终。因为人的需求是多种多样、无穷无尽的，所以激发的过程也是循环往复、持续不断的。当人的一种需求得到满足之后，新的需求将会反馈到下一个激发循环过程中去。

动机的激发对人的活动具有非常大的意义。哈佛大学威廉·詹姆士（Wiliam James）教授发现，在没有动机激发的情形下，人通常只发挥出 20% ~ 30% 的个人能力，而如果给予充分的激发，其能力可以发挥出 80% ~ 90%。在人的活动中对人的动机的激发不可或缺。大学生学习动机起源于大学生的学习需求，大学生的学习需要是社会和教育对学生学习的客观要求在学生头脑中的反映，是大学生学习活动中感到某种欠缺和未得到满足的学习需求形成的内心紧张的心理状态。学习动机驱使大学生采取学习活动来满足学习需求，以解除紧张或减轻其紧张程度，力求获得满足的心理状态。

为了促进大学生的学习效果，需要采取一定的方式，把已形成的学习需要，由潜伏状态转入活动状态，使之成为实际而持续地推动其努力学习的内在动力，朝着成才的目标前进。这就是对大学生学习动机的激发，以充分调动大学生学习的积极性。在对大学生学习动机激发中，大学生没有得到满足的需求是激发大学生学习动机的起点，也是引起（激发）大学生学习积极努力行为的关键和最根本的动力。

学习动机的激发是利用一定的诱因使已形成的学习需要充分调动起来，即由潜在状态转化为活跃状态，成为学习活动中的积极因素。

一、创设问题情境，实施启发式教学

所谓问题情境，指的是具有一定难度，需要学生努力克服，而又是力所能及的学习情境。简单地说，问题情境就是一种适度的疑难情境。在学习过程中，难度过小或难度过高的东西，学生都不会感兴趣。只有在学习那些"半生不熟""似会非会"的东西时，学生才感兴趣而迫切希望掌握它。因此，能否成为问题情境，主要看学习任务与学生已有知识经验的适合度如何。研究表明，问题情境的难度在50%左右，最有利于激发学习动机。创设问题情境，要求教师熟悉教材内容，掌握教材内容的结构，了解新旧知识之间的内在联系；并且充分了解学生已有的认知结构状态，使新的学习内容与学生已有水平构成一个适当的跨度。这样才能创设问题情境。具体创设问题情境的方式可以多样，既可以用教师设问的方式提出，也可用作业的方式提出；既可以从新旧教材内容的联系方面引进，也可以从学生的日常经验引进。问题情境的创设既可以在教学的开始阶段，也可以在教学中和教学结束时进行。

二、增强学习材料的科学性与趣味性

学习材料的科学性不仅是指材料内容要正确，符合客观规律，逻辑结构严谨，它还包括材料内容要适合学生已有的知识背景，符合学生的年龄特征和心理发展水平。材料的趣味性是指材料的内容要生动活泼，富有趣味，同生活经验联系紧密，实用性较强。

三、利用学习结果的反馈作用

让学生及时了解自己的学习结果，会产生相当大的激励作用。因为学生知道自己的进度、成绩以及在实践中应用知识的成效等，可以激起进一步学习的愿望。同时，通过反馈的作用又可以及时看到自己的缺点和错误，及时改正，并激发上进心。因此，在教学过程中，教师应注意：（1）及时批改和发还学生的作业、测验和试卷。"及时"是利用学生刚刚留下的鲜明的记忆表象，满足其进一步提高学习的愿望，增强学习信心。（2）眉批、评语要写得具体，有针对性、启发性和教育性，使学生受到鼓舞和激励。

四、进行正确的评价和适当的表扬与批评

正确的评价和适当的表扬与批评所起的作用，主要是对学生的学习活动予以肯定

或否定的强化，从而巩固和发展正确的学习动机。一般来说，表扬、鼓励比批评、指责能更有效地激励学生的学习动机。因为前者能使学生产生成就感，后者则会挫伤学生的自尊心和自信心。进行有效的评价和适当的表扬与批评，应注意以下几点：第一，要使学生对评价有一个正确的态度。只有对分数持正确的观点，分数才能起积极的激发学习的作用。第二，评价必须客观、公正和及时。如若评价不公正，则会使评价产生相反的结果。第三，评价必须注意学生的年龄特征与性格特征等。如对学龄初期的学生，教师的评价起的作用更大些，对学龄中、晚期的学生，通过集体舆论来进行表扬或批评，效果更好。对自信心差的学生更应多一些鼓励与表扬，对过于自信的学生，则应更多地提出要求，在表扬的同时还应指出其不足之处。

五、组织学习竞赛，激发学生的成功感

竞赛是指个体在群体中由于相互比较、竞争而激发自己的内在潜力与能力。在学生学习过程中适当组织学习竞赛，对于激发学生学习动机是必要的，它有利于提高学生学习的积极性，培养学生的学习兴趣，使大学生内在的潜力与能力获得有益的开发。

当代大学生竞争意识强烈，争强好胜之心强烈，他们希望自己比别人强，超过他人，希望能充分展示自己的能力和风采。这一特点对于处于成绩中上等的学生尤其显得突出。因此，高职院校教师应积极而妥善地组织学习竞赛，以激发学生学习动机。值得注意的是，由于学习竞赛对不同水平的学生影响不同，因此需要在组织学习竞赛的实践中，科学设计学习竞赛的内容，积极探索新的竞赛的形式，尽量最大范围地调动和发挥每个大学生的潜力与能力、特长和优势，在学习竞赛中激发学生的成功感，提高他们的自尊心和自信心。组织学习竞赛也应讲究适度与方式方法。如果在大学生中过于频繁地组织学习竞赛，则会造成不利于学习的紧张气氛，影响学习动机；如果有学生在竞赛中成功与失败过于频繁，或者造成目空一切的骄气，或者对自己丧失信心。这些都不利于大学生学习动机的激发。

六、正确指导结果归因，促使学生继续努力

成败归因理论的研究表明，学生对学习结果的归因，不仅是解释了以往学习结果产生的原因，更重要的是对以后的学习行为会产生影响。不同的归因方式对学生今后的行为所产生的影响不同，因此可以通过改变学生的归因方式来改变其今后的行为。在学生完成某一学习任务后，教师应指导学生进行成败归因。一方面，要引导学生找出成功或失败的真正原因；另一方面，教师也应根据每个学生过去一贯的成绩优劣差异，从有利于今后学习的角度进行归因，哪怕这时的归因并不真实。一般而言，无论对优生还是差生，归因于主观努力的方面均是有利的。因为归因于努力，可以使优等

生不至于过分自傲，能继续努力，以便今后能继续成功；使差等生不至于过分自卑，也能进一步努力学习，以争取今后的成功。

七、科学设计任务难度，适当控制动机水平

生活中经常会发生这样的情境：一名平时学习努力、成绩优秀的学生面临重大的考试时，期待能考出高分，但结果出现在考试中"大脑空白"，连极其容易的问题也回答不出；有的学生平时学习不努力，对大考小考持无所谓态度，考试成绩也不可能理想；前者学习动机过强，后者学习动机过弱，学习效果都不理想。

美国心理学家耶克斯（Yerks）、多德逊（Dodson）研究发现，动机的激活水平和行为效率之间的关系是一种呈现倒U形的函数关系：激活水平太低，影响行为效率；激活水平过高，行为发生紊乱，同样缺乏行为效率；而当激活水平适当时，其行为效率高。由此提出了著名的耶克斯—多德逊定律。研究还发现，动机激活水平与任务难度之间的关系，认为最佳的动机激发水平与任务难度有关：任务越容易，动机激发的水平较高；任务越困难，动机激发的水平越低；而任务难度中等时，动机激发水平适当。

根据耶克斯—多德逊定律，科学设计大学生学习任务难度，适当控制大学生学习动机的激活水平，从而实现提高大学生学习积极性，取得优良成绩的目的。科学设计大学生学习任务难度，可以在大学生学习的各个方面。例如，在高职院校中，适当引导大学生根据自己的实际情况，恰当地树立对自己成绩的期望，既不过高，也不过低；作业难度适中，激发大学生学习动机效果最佳，有利于大学生学习。因此，教师在安排作业时，使作业难度控制在中等难度水平上，让大学生在完成作业时，必须付出一定的努力，才能加以解决。使他们在作业完成时有一种辛劳后的收获感、成就感、喜悦感。当然，学生在学习中也不可避免地遭遇难度较大的问题，此类问题可能对一些大学生学习动机激发产生消极的影响。在此情况下，教师应尽量创设较为轻松愉悦的气氛，慢慢引导学生平心静气、有条不紊，避免学生过于紧张、焦虑。

总之，激发学生学习动机的方式和手段多种多样，只要教师有效地利用上述手段来调动学生学习的积极性，学生就有可能学得积极主动，并学有成效。

第六章 高职大学生心理健康教育的改善策略与方法

第一节 构建和谐文明的校园环境

党的十七大做出了建设生态文明的重大战略决策，提出"建设生态文明，基本形成节约能源资源和保护生态环境的产业结构、增长方式、消费模式"。明确提出到2020年要把我国建设成为生态环境良好的国家。生态文明思想不能自发产生，需要教育和引导。大学生生活于校园文化之中，和谐的校园文化对他们树立生态文明的观念具有不可估量的影响。因此，积极构建和谐校园文化，把校园文化作为大学生生态文明教育的有效载体具有重大意义。

一、和谐校园文化的内涵

校园文化是一个宽泛的概念，是指高职院校在长期的办学活动中形成的，由全体师生员工共同创造并遵循的，独特的价值标准、审美情趣、思维模式及行为规范，以及与此相关的优良的学风、校风等。校园文化是从属于社会文化的一种亚文化，是校园内一切物质和精神存在的总和。和谐校园文化通常包括以下三方面内容：一是物质文化，包括校园建筑特色、文化活动场所、设施和校园绿化、美化、信息传媒等，是校园文化的基础。二是精神文化，包括师生员工的人生观、价值观、文化素养、心理素质以及校风和学风等，是校园文化的核心。三是制度文化，指学校特有的各种规章制度，是校园文化的行动指南。校园物质文化、精神文化、制度文化三者之间不是彼此孤立的，而是相互联系、相互影响、相互促进的，共同构成了校园文化这一有机的、统一的整体。

和谐的校园文化是新时期对大学生进行生态文明教育的一个重要途径和有效载体。一方面，高职院校校园文化适应了新时期大学生关注时代和社会，不断提高思想文化水平的要求；另一方面，大学生生态文明教育工作又必须植根于校园文化中。构建和谐校园文化和进行生态文明教育的目的是一致的，就是要使大学生成为"四有"新人，成为社会主义建设事业合格建设者和接班人。

二、和谐校园文化对大学生生态文明教育的作用

和谐校园文化对大学生生态文明教育具有重要的作用，主要表现在：

（一）规范作用

所谓规范作用，是指校园文化对学生的约束作用。高职院校的校园文化原本就具有全体校园人认同的集体意识特点，因而对生活在其中的每一个大学生都具有一定的规范约束作用。校园文化既然体现了学校群体的主体意识，体现了学校从领导到群众的价值观念及其取向，那么它自然地就具有一种不可侵犯性、不可违背性，具有一定的发展惯性。为每一个大学生在评定各自的道德品质、行为方式和人格特征等方面提供了内在的尺度，并用这种内在尺度规范个人的言行举止。由一定的校园文化产生出来的一些非正式的、约定俗成的群体规范和共同的价值标准，虽然没有强制执行的性质，但有时却比正式的规范来得更为有力、有效和有利，更能影响大学生的心理，更能改变大学生原本就存在的一些不合理的行为方式和态度。

（二）调节作用

大学生在参加各种校园文化活动时，大学生之间、学生与老师之间有了相互接触、了解的机会和场所。在交往和交流中，他们不但了解了别人，也更深刻地认识到自己的长处和优势，同时也认识到自己的不足，增强了自我批判和自我发展的能力。校园文化之所以吸引大学生，就是因为丰富多彩的科技、文化、娱乐、艺术等活动满足了他们的成才动机和交往的初衷与放松、调整、归属、遵从等心理需求，且能补充和完善教学内容以外的不足需要。也正是它，给大学校园增添了一种气氛、一种活力，对于大学生的身心健康有着极大的促进作用。对于营造大学生健康的心理结构和培养良好的心理承受能力，对于帮助他们尽快适应快节奏的现代社会生活，摆正自己的位置，在各自岗位上勇于担负起建设祖国的使命，无疑起到巨大作用。

（三）激励作用

杜威说："教育的理想目的是创造自我控制的力量。"一次植树造林活动会让人记忆终生，一次志愿服务会让人感慨万分。在校园文化中，通过开展一系列学生自主参加的活动，能够涤荡学生胸中的杂念，让学生在活动中受到感染、触动，从而积极主动地融入健康向上的校园文化中，调整自己的思想和行为，使自己与校园精神合拍，在轻松愉快的学习和生活氛围中，变自卑为勤奋，变孤独为亲密，在矛盾运动中提高自我整合能力，使自己的人格日趋健全而成熟。

（四）社会化作用

高等学校本身就是学生生活的"小社会"，它不只是青年学生求知的场所，而且是学生接受实践锻炼和提高实践本领的训练基地。从社会学角度看，教育的主要功能也在于使青年一代实现社会化。高职院校校园文化以其特有的精神环境和文化氛围，使生活于其中的每个个体有意无意地在思想观念、行为方式、价值取向等诸方面与既定文化发生认同，从而实现对人的精神、心灵、性格的塑造，达到社会化的目的。大学生的社会化是在多方面因素的影响下实现的，校园文化作为大学生成长的客观环境，时时刻刻对大学生的思想形成和社会化起着熏陶、引导和塑造作用。

三、积极构建和谐校园文化，营造大学生生态文明教育的有效载体

思想政治教育的载体，是指在实施思想政治教育的过程中，能够承载和传递思想政治教育的内容或信息，能为思想政治教育主体所运用，促使思想政治教育主客体之间相互作用的一种活动形式和物质实体。和谐校园文化是大学生思想政治教育的有效载体。生态文明教育与思想政治教育有许多相通之处，因此，可以引用思想政治教育的相关原理来研究和加强大学生生态文明教育。

（一）营造和谐校园氛围，构建生态文明教育隐性载体

在教育学理论中，把学生所学的课程分为两部分——显课程和潜课程。显课程指学校列入教学计划，规定学生必须掌握的知识、技能、思想观点、行为规范等，具有明确性、规范性；潜课程则指未列入教学计划，对学生具有潜移默化影响作用的校园建筑、文化设施、校风、学风、人际关系、校园环境氛围等。潜课程贯穿于大学生在校生活的各个方面，渗透到教育的全过程。学生在校期间除了接受显课程的教育之外，都在自觉不自觉地接受着潜课程的教育。校园文化氛围不是通过灌输、纪律约束，而是通过陶冶和感染，潜移默化地影响人的思想、情感和生活，净化人的心灵，是对大学生进行生态文明教育的隐性载体。生态文明的校园环境需要和谐的校园文化氛围。因此，通过营造和谐的校园文化，使身处于其中的大学生感受到生态文明的校园环境的重要性，潜移默化地按这种环境所要求的标准来约束自己的言行，并内化为自己的道德情操和行为习惯，从而树立生态文明的观念，持久地影响他们将来的工作和生活。

（二）丰富校园文化活动，构建生态文明教育实践载体

校园文化活动是校园文化建设的主要内容，它集思想性、知识性、趣味性于一体，是对青年学生进行生态文明教育的实践载体。马克思主义认为：社会实践是造就全面

发展的人的唯一方法。缺乏实践性的生态文明教育是无法实现科学性、系统性、高效性的。从生态文明教育接受的角度来讲，生态文明教育不能仅仅通过灌输和强制执行来达到目的，只有生态文明教育的内容符合大学生的内在需要，使大学生自觉接受，并化为自己的行动时，才能达到预定的目的。学校各级组织应广泛征求学生意见，组织各种生动活泼、喜闻乐见的校园文化活动，构建生态文明教育的实践载体，让生态文明教育有形化，使学生在参与活动的过程中，放松身心，愉悦心情，同时自觉接受生态文明教育，形成良好的生态道德观念。

（三）发展校园学术文化，构建生态文明教育科技载体

学术文化活动是高层次的校园文化活动，它所产生的文化成果以及对校园文化环境和学生思想意识形态的影响都是其他校园文化活动无法替代的。随着教育体制的不断深化，青年学生的主体意识和个体行为发生了很大变化。以学术科技活动为主导，以文化娱乐活动为基础的校园文化活动，成为校园文化建设中的重要任务。学术文化从一定程度上决定了校园文化建设的层次和水平。丰富多彩的校园学术文化活动是课堂教学和社会实践的交汇点，可以弥补课堂教学中的不足，巩固课堂所学的知识，扩大学生的知识领域，发挥学生的各种潜能，锻炼多方面的能力，对学生的思想、行为产生深远的影响。要鼓励大学生更多地参与校园学术文化活动。要提高职院校园学术文化活动的质量与水平，增加校园文化中的学术气氛和科技含量。

（四）重视校园网络文化，构建生态文明教育信息载体

随着信息技术的不断发展，网络作为一种不可抗拒的新事物走进了大学生的生活，网络生活已经成为大学生生活的重要组成部分，无论其内容和形式都迥异于以往的校园文化形态，并以其信息的开放性、资源的共享性、环境的无序性使传统教育工作受到严重的威胁和挑战。网上存在的一些反动的政治言论，宣扬暴力、色情、反人类、反科学、反社会等内容的文化垃圾，对大学生思想道德观念产生巨大负面影响。高职院校要善于利用网络技术拓展新的领域，实现生态文明教育工作的科学化、现代化，充分发挥校园网的生态文明教育功能，利用现代化信息传播技术，传输积极健康的信息，使网络成为加强大学生生态文明教育的新领域。

第二节　调整心理健康教学策略

开设心理健康教育课程是高职院校心理健康教育的主渠道。以 2011 年教育部印发的《普通高等学校学生心理健康教育课程教学基本要求》为出发点，明确高职院校心理健康教育课程是集知识性教育与体验性教育为一体，为培养全体大学生心理素质而

开设的专门课程的定位，厘清高职院校心理健康教育课程目标的发展性与建构性、内容的实用性与体验性、实施的互动性与开放性、评价的综合性与灵活性的特征，进而分析高职院校心理健康教育课程在教学策略中应注意深化学生主体意识、注重课堂内容整合性、教学方式多样化以及评价体系先进性的问题。

高职院校心理健康教育课程是面向全体大学生，集知识性教育与体验性教育为一体，为培养学生心理素质，促进学生全面发展而开设的一门专门课程。本节分析高职院校心理健康教育课程的定位、特征，为提升高职院校心理健康教育课程教学效果提供思路与启示。

一、高职院校心理健康教育课程的定位

2011 年教育部印发的《普通高等学校学生心理健康教育课程教学基本要求》明确规定了高职院校心理健康教育课程的内涵及目标，即高职院校学生心理健康教育课程是集知识传授、心理体验与行为训练为一体的公共课程。课程旨在使学生明确心理健康的标准及意义，增强自我心理保健意识和心理危机预防意识，掌握并应用心理健康知识，培养自我认知能力、人际沟通能力、自我调节能力，切实提高心理素质，促进学生全面发展。

高职院校心理健康教育课程是为培养个体心理素质开设的专门课程。高职院校心理健康教育可分为治疗性心理辅导、发展性心理辅导、预防性心理辅导。心理健康课程采用课程的方式普及心理健康知识，宣传心理保健技能，帮助学生清醒意识且有效调控自己的心理和行为偏差，完善心理素质，激发心理潜能，提高生活质量，最终实现身心和谐的共同发展。高职院校心理健康教育课程不同于其他心理健康教育形式，其他心理健康教育形式重在治疗与咨询，而高职院校心理健康教育课程重在预防，更能从源头上解决心理问题的产生与恶化。作为一门课程，高职院校心理健康教育的含义具有广延性，不仅要做到及时预防，帮助个体挖掘自身潜能，更要在此基础上有所突破，培养学生良好的心理素质，提高学生认知与调节能力，促进学生全面发展以及个体与社会的和谐发展。培养个体心理素质，是高职院校心理健康教育课程的基本点，也是心理健康教育工作的出发点。

高职院校心理健康教育课程是以全体大学生为对象的公共课程。公共课程指的是高等教育中任何专业或者部分同类专业都必须学习的课程，虽然公共课程的内容与专业知识不直接相关，但高职院校公共课是对大学生进行系统理论和思想教育的主渠道、主阵地，也是推进素质教育的核心课程，对提升大学生的认知能力以及实践能力具有重要作用。高职院校心理健康教育课程作为一门公共课程，承担着培养学生科学的心理健康知识观、提高学生心理适应的技能与方法以及增强学生自我认知水平的任务与

责任。其教学效果具有潜伏性与持久性，不能像背英语单词或学习一道数学公式一样有立竿见影的效果，却在潜移默化之中对学生的学习与生活产生良性的导向作用。高职院校心理健康教育课程以全体大学生为对象，必然遵循当代大学生心理发展阶段与特点。根据埃里克森的人格发展八阶段理论，当代大学生处于青春期向成年早期迈进的阶段，面临自我同一性与角色混乱的冲突、亲密与孤独的冲突。面对处于过渡期的大学生，在心理健康教育课堂中如何把握大学生心理的积极性与消极性，如何疏通大学生心理的内在矛盾性，是每个心理健康教育工作者应当思考与探究的问题。

高职院校心理健康教育课程是有别于一般课程并强调主体体验性的课程。注重授课中的活动性，要求教师积极引导学生参与到各种活动中去，在实践与经验的相互联系中产生新的经验与认识。杜威曾说过，教学应从学生的经验和活动出发，使学校在游戏和工作中采用与儿童、青年在校外所从事的活动类似的活动方式。究其本质，强调主体体验性的高职院校心理健康教育课程是以学生为本位，发挥学生主体性、创造性的课程。一般课程侧重于人类积累的学科知识的传授，注重知识的内在逻辑性及相应的技能培养，以认知—接受为主要教学模式，以教师的讲授为主要教学方法，这与心理健康教育课程的教学理念存在着差距。与学生心灵的沟通与交流，不是一般课程所能达到的境界，也不是单纯地依赖间接知识的传递而能够实现的，在心理健康教育课堂中必须创设合理的情境，以活动为载体，通过影响学生情感，关注学生的心理体验，从而实现自我优化与发展。

综上所述，高职院校心理健康教育课程是面向全体大学生，集知识性教育与体验性教育为一体，为培养学生心理素质，促进学生全面发展而开设的一门专门课程。以学校课程体系为标准，属于公共必修课，强调了其基础性；以课程形式为标准，注重授课的活动性，反映了其体验性；以课程内容为标准，属于综合课，体现了其全面性。高职院校心理健康教育课程在培养学生心理素质，促进学生自我实现方面发挥着举足轻重的作用。重视高职院校心理健康教育课程的开设、设计、实施、评价以及理论体系建设，对提高高等教育教学质量，促进高职院校大学生成长成材具有重要意义。

二、高职院校心理健康教育课程的特征

泰勒提出了课程编制的四个阶段，即确定目标、选择经验、组织经验、评价结果。笔者依据课程编制的最初角度，以泰勒的课程理论为基础，从课程目标、课程内容、课程实施、课程评价四方面出发，探究高职院校心理健康教育课程的特征。

（一）课程目标的发展性与建构性

发展性强调动态的学习方式，是一种全时空发展的学习方式，主张在开放思维条件下，将学生置于动态学习环境下，形成动态思维结构，达到情感能力的协调发展。

心理健康教育课程应以发展性目标为主、预防性目标为辅。心理健康教育课程目标的发展性，旨在强调通过心理健康教育课程，不仅能增加学生心理健康的理论知识，也能培养学生的人际交往以及社会适应能力，引导学生正确认识自我，从而有益于学生的终身发展。这种发展性是动态化的，不是一成不变的、僵化的，会随着学生的成长呈现不同的改变与反映。

建构性强调学习是学生主动建构的过程，学生会主动对学习信息进行选择与加工。这体现出高职院校心理健康教育课程的目标并非固定的或者可预测的，而是不断生成与自我建构的。个体由于生活经验的差异，对同一事物往往产生不同的看法，建构出不同的认知体系，形成不同的情感体验。建构性反映出学生不是被动学习的接受者，而是主动学习的建构者，这是高职院校心理健康教育课程的落脚点。特别对于高职院校大学生，培养其自主学习能力是终身发展的基础，培养其创新意识与实践能力是时代的要求。高职院校心理健康教育课程目标的发展性与建构性是不可分割的，共同体现了其课程本质，为具体的目标设置提供指导，贯穿于高职院校心理健康课程的各个环节。

（二）课程内容的实用性与体验性

课程内容的选择是课程目标的体现，也是课程实施的基础。根据高职院校心理健康教育课程目标的发展性与建构性，课程内容应当具有实用性与体验性。实用性，就是要求教学内容对学生有用，即教学内容的选择应以学生心理需要以及实际情况为标准。只有立足于大学生身心发展的实际需要和社会要求，才能帮助学生解决实际问题，才能让学生增加课堂投入，达到教学效果，才能使学生的独特个性、人格、思想得到展现，成为课堂的主人。学校心理健康教育课程是发端于生活世界又依附于生活世界的一种新型课程，其课程内容不追求文本的知识性、学术性和结构性，而是注重心理生活场景的设计和情境的渲染，以及呈现具有生活气息的心理空间。强调高职院校心理健康教育课程的生活化、可操作性、参与度以及趣味性，其实质在于使学生产生共鸣，获得体验感。体验是让学生亲身参与课堂活动，用自己的知识结构及经验去体会与感受，学生只有在体验的过程中才能将获得的经验与感受自觉地内化为稳定的价值观与人生观。高职院校心理健康教育课程内容必须以实用性为基础，以体验性为标准，课程内容的广度既要涉及心理健康知识的理论学习，又要重在学生心灵的健康成长；课程内容的深度既要符合大学生的年龄特征与兴趣需要，又要与社会发展对大学生不断提出的要求相适应。

（三）课程实施的互动性与开放性

课程实施是将编制好的课程计划付诸实践的过程，是实现预期的课程理想、达到预期课程目标的基本途径。高职院校心理健康教育课程不同于其他课程，不是简单地将课程计划付诸实践，也不一定能准确预期学生的反应，其课程实施要做到相互适应取向和课程创生取向相结合，即在课程实施中教师要根据实际情况对课程进行整合与修改，课程实施是学生与老师共同"发现问题—探究问题—解决问题"的创造性活动。高职院校心理健康教育课程目标实现的基础是课堂中学生与学生、学生与教师之间的互动性，实现的保障是课程实施中的开放性。课程实施的互动性以平等的师生观为基础，以活动设计的巧妙性为体现，教师不再是课堂的权威，而是学生学习的引导者，教师与学生是相互交流学习的关系，课程进行中活动开展的顺序、教师语言或动作都会成为唤起学生情感体验的时机。

课程实施的开放性一方面指课堂空间的开放性，课堂物理环境包括教室大小、桌椅布局、光线强度等都会影响心理健康课堂的教学效果，另一方面指课堂氛围的开放性，每一堂心理健康教育课程都应当是轻松、愉悦的。只有在和谐放松的状态下，才能反映学生最真实的情绪与感受，才能激发学生最佳的学习意识与学习状态。高职院校心理健康教育课程实施是整个课程中最关键最核心的环节，以互动性与开放性为指导，结合课程与教学对象的特殊性，平衡课程实施环节的各个因素，才能最有效地实现心理健康教育课程目标。

（四）课程评价的综合性与灵活性

评价是一个过程，是一种测定教育目标在课程与教学的方案中究竟被实现多少的过程。高职院校心理健康教育课程的课程评价强调评价内容的综合性以及评价方式的灵活性。综合性要求心理健康教育课程不能以成绩作为衡量标准，而要与学生课堂内外经历相联系；不能以统一的标准衡量每一个学生，而要以具体化的改变作为进步的标准；不能以单一的方式评价学生，而要注重多种方式相结合。教师不再是评价主体，学生必须积极参与评价过程，得到学生认可的评价方式才具有促进学生反思与成长的意义。以教师、社会以及外界各要素价值观为主导的评价体系，并不完全适应心理健康教育课程的目标，甚至会适得其反，引起学生抵触情绪。心理健康教育课程是与学生心理成长密切相关的课程，注重评价方式的灵活性，对学生心理成长是一种积极暗示。高职院校心理健康教育课程评价的综合性与灵活性不仅是课程特征的反映，更是改善高职院校心理健康教育课程教学效果、促进高职院校心理健康教育课程可持续发展的必然要求。

三、高职院校心理健康教育课程教学策略应注意的问题

（一）深化学生主体意识

深化学生主体意识，是顺利开展高职院校心理健康教育课程必须遵循的教学理念，贯穿于高职院校心理健康教育课程的各个环节。高职院校心理健康教育课程在目标设

置上以学生发展为出发点，充分考虑学生的自我体验、自我反思与自我教育，在课程内容上以学生的心理需要为立足点，以学生实际生活为素材，选择实用性与体验性相并重的教学内容，在课程实施中将学生摆在课堂的第一位，针对不同的学生进行个性化教学，在课程评价中注重学生话语权等都是深化学生主体意识的体现。只有深化学生主体意识，才能实现心理健康教育课程目标，才能保障心理健康教育课程的实施，才能发挥心理健康教育课程的作用。

做到深化学生主体意识不是盲目的。不同的年级、不同专业要开设不同的心理健康教育课程。比如大一新生关注对新环境的适应，而大四的学生关注择业技能的提升，故针对不同年级阶段的学生要展开调查，开设重点突出的心理健康教育课程。在征求学生建议的基础上，根据埃里克森人格发展八阶段理论，对教学内容进行调整，兼顾科学性与实用性。不同的班级也要开设不同的心理健康课程。班级的整体氛围与性格特征对课程能否顺利进行具有重要影响，特别是对于心理健康教育课程，在开展团体活动中能否调动学生的积极性，这需要教师针对班级特点进行合理的活动设计。不能把尊重学生主体地位作为唯一标准，要注重把学科发展的最新理论和思想理念融入课程教学内容，强调课程体系结构的科学性、先进性，使学生获得较完整的心理健康知识，掌握认知、情感、交往、优良人格培养等知识和方法，提高学生的认识水平和心理调控能力。

（二）注重课堂内容的整合性

高职院校心理健康教育课程内容的实用性与体验性，要求该课程集心理健康教育知识、心理问题解决技能以及个人情感体验与改变为一体，在教学设计以及课堂内容的选择中，满足三方面的需求，这样才能更好地为学生心理发展服务。心理健康知识、技能以及个人体验三者本身并不是分裂孤立的，而是相对独立彼此交融的，心理健康理论知识是解决心理问题的基础，而个人体验贯穿于知识学习与技能提升的过程中，最终表现为个体世界观、人生观、价值观的形成与稳定。

高职院校心理健康教育课程内容要注重与校园文化以及其他学科的整合。在校园文化的内涵方面主要指人类（师生）活动的造物之意，外延方面一般包括办学理念、制度文化、行为文化、环境文化等等。校园文化是学生身处的大环境，加大校园文化建设力度，是为每位学生创造更好的文化与学习环境。高职院校心理健康教育课程可以以校园文化建设为依托，通过各种校园文化活动，培养学生的社会责任感、适应社会以及正确认识自我的能力。将心理健康教育课程理念与内容渗透其他学科教学中，是进行心理健康教育的重要途径，能以潜移默化的方式促进学生的全面发展。

高职院校心理健康教育课程教材影响课堂内容的全面性。教材是课堂中重要的学习资料，高职院校心理健康教育课程教材，内容要全，兼顾知识、技能与体验；内容要新，教材结构和语言要贴近生活，贴近学生，紧跟时代特色；运用要灵活，以多本教材为蓝本，选取适应具体课堂情形的内容为教学参考。加强高职院校心理健康教育课程教材的建设与管理，对于整合丰富的教学资源，提高课堂内容全面性，进而促进课堂教学效果提升有重要意义。

（三）实现教学方式的多样化

实现教学方式多样化以和谐的师生关系为前提。高职院校心理健康教育课程实施的互动性与开放性，以教学方式多样化的实现为途径。心理健康课堂中学生对教师必须有充分的信赖与认可，才能唤起学生的情感体验。和谐的师生关系不仅指师生相处融洽，心理健康课程教师在教学过程中，还要摆正心态，认识到教师与学生的平等关系。心理健康教育课堂中没有教师、没有学生，有的只是人与人之间真实的、直接的交流。将各自的情感、思想、价值观坦然地展现出来，才能形成精神上的碰撞，进而有所思、有所悟。

实现教学方式多样化以教学手段信息化为保障。信息技术与多媒体的发展，深刻影响着教育教学活动。高职院校心理健康教育课程要以学生为主体，实现课程实施的开放性，就必须创新教学手段，实现课堂辅助性工具的信息化。利用现代化视听工具，使用各种有针对性的心理图片、音像视频资料等辅助教学，有利于提高教学效率与教学效果。利用信息化手段，合理延伸教学空间与场景，建立课程网站，教师可以分享教学经验与视频，学生可以进行讨论与自主学习，使高职院校心理健康教育课程不再局限于课堂教学中。

实现教学方式多样化以运用多种教学方法为根本。高职院校心理健康教育课程教学方法要体现其专业性，主要包括课堂讲授、案例分析、小组讨论、心理测试、团体训练、情景表演、体验活动、角色扮演等教学方法。针对不同的教学内容、不同的群体，科学合理运用每种教学方法，才能发挥其价值，实现心理健康教育课程的互动性。

（四）强调评价体系的科学合理性

对高职院校心理健康教育课程教学的评价主要在于对其效果的评价，即是否促进了大学生的人格健康发展，是否促进了大学生的创新性思维和学习，是否增强了学生应对心理问题及压力的能力，是否增强了学生的自我意识，是否促进了学生对事物的正确认识等。以高职院校心理健康教育课程目标为指导，构建科学合理的评价体系，是促进高职院校心理健康教育课程教学效果的必然要求。一方面，高职院校心理健康教育课程教学评价要突破传统教学评价的桎梏，贯穿于整个教学过程，实现有效教学。在课程实施过程中要不断进行评价，对所出现的与教学目标相偏离的部分进行及时的分析、预测与处理。另一方面，高职院校心理健康教育课程教学评价要借助于先进的电子信息技术，在评价教学效果的同时，为教师课程设置、教学改进以及促进教师终身发展方面做出贡献。现行的高职院校课堂教学评价存在评价方式不健全、评价结果误差较大、无法为教师提供决策依据等问题。信息技术所支持的学习分析技术能得到关于学生学习绩效、学习过程以及学生对课程教学评价的信息，并能进行准确的决策，是高职院校心理健康教育课程教学评价的新途径。

我国高职院校心理健康教育课程起步晚，并正处于亟待发展的关键时期，着眼于高职院校心理健康教育课程的特殊性，紧跟时代发展，不断改进高职院校心理健康教育课程的教学策略，进而提升心理健康教育成果，完善心理健康教育课程，提高大学生的心理素质，这是每个教育工作者应当承担的责任与义务。

第三节　重视思想教育工作

当前，心理疏导在高职院校大学生思想政治教育中占据着一定的地位，具有重要的理论意义和现实意义。本节首先简要概述大学生思想政治教育心理疏导的意义，其次对大学生思想政治教育心理疏导的主要内容进行阐述，在此基础上从完善健全的思想政治教育工作机制、提高教育工作者的人文素养、优化和谐的高职院校学习生活氛围等三个层面思考实现大学生思想政治教育中心理疏导的具体路径。

党的十八大报告明确指出要"加强和改进思想政治工作，注重人文关怀与心理疏导"。这不仅揭示了党对思想政治工作提出的新要求，更为大学生思想政治教育工作指明了方向。在新的历史时期，探索大学生培养工作中的心理疏导机制，能够为做好大学生教育培养工作提供指导意见。

一、大学生思想政治教育心理疏导的意义

当前，受多元文化思潮的影响，大学生的人生观、世界观、价值观发生重大的变化，严重影响他们的身心朝健康的方向发展。这就需要在高职院校思想政治教育工作中注重对大学生进行心理疏导。当前，大学生思想政治教育的心理疏导具有以下几点意义：

第一，促进大学生身心健康发展。大学生，正处于身心发展和成长成才的关键期。这一时期大学生的认知思维、价值观、情绪情感体验表现出了与其他年龄阶段不同的特点。而且，我们更要看到，当今的大学生基本已是"95后"群体，独生子女数量较多，经济社会的快速发展带来优越的成长环境使得今天的孩子缺少忧患意识、团结意识，所以对大学生的自我控制能力、社会适应能力以及抗挫折能力的培养就成为大学生思想政治教育的必然要求。在现实社会生活中，不断发生的大学生因心理问题而造成的刑事犯罪事件，正迫切要求高职院校思想政治教育发挥切实有效的作用。因此，

如何运用疏导策略，开展广泛、形式多样的心理教育，减少各种因心理疾病引发的事件，就成为高职院校思想政治教育工作的重要任务。

第二，提升大学生良好的人格品质。大学生的思想政治教育在其本质上就是一种培养人的社会实践活动，要采取合理的、适应大学生身心健康发展的内容与方式关爱他们的内心世界，塑造良好人格品质。改革开放使得竞争意识向各个领域渗透，大学生成长环境的差异，使他们的社会价值取向存在明显的不同，不利于大学生的成长成才。高职院校的思想政治教育，要通过心理疏导的方式，进行心理教育和思想教育，锻炼大学生坚强的意志品质，以增强他们的自尊、自信，从而塑造良好的人格。在这一过程中，教师要制订可行性方案，充分地开发大学生的心理潜能，使不自信的大学生发现自己的优势；同时，在正确归因的基础上，合理地看待成功与失败，获得感悟和体验，合理调整期望值，建立适合自己的奋斗目标。这样在通过努力达到目标后，才可获得成就感。

第三，坚定大学生的人生理想信念。高职院校的思想政治教育，不仅注重对大学生科学文化知识的传播，更重要的是在教育的过程中，培养学生具备科学的思维方式，塑造符合社会要求的个性品质。大学生对知识的学习充满渴望，精神世界满足的需求迫切。高职院校思想政治教育与社会环境同时对大学生的人生观、价值观和世界观产生影响，而高职院校思想政治教育作为对大学生主流价值观教育的主战场，社会环境中的价值观的多元复杂性对高职院校思想政治教育提出了极大的挑战。在大学生思想政治教育工作中注重对大学生的心理疏导，关注他们的心理发展和精神需求，引导大学生正确对待自己、他人和社会，正确对待学习、就业的困难和挫折，从而塑造大学生积极、向上的心态，以构建健康和谐的精神家园。

二、大学生思想政治教育心理疏导的主要内容

心理疏导的内容是构成完整、系统心理疏导机制的一个基本要素。从以下几个方面对大学生思想政治教育心理疏导的主要内容进行阐述：

在学业疏导方面，大学阶段作为大学生成长成才的最为关键的阶段，他们的学业水平和学习能力起着至关重要的作用。在这一阶段中，大学生所受到的教育影响着他们的思想观念和行为选择，这不仅关系着他们对未来的职业定向和价值取向，更在一定程度上关系着他们身心的健康发展。大学生在接受高等教育的过程中，存在的问题主要表现在：学习积极性和主动性不高、缺乏学习动力；有的学生对所学专业不感兴趣，以获取所谓的"学历"为主要动机，缺乏思考意识和创新精神；在各种社会压力的影响下学习目标不够明确，漫无目的；有的学习方法不佳，甚至考试过度焦虑等。

在情感疏导方面，大学阶段不仅是大学生身体迅速成长的阶段，更是他们情绪情

感发展的重要时期，其主要表现在：当代大学生，大多都是独生子女，就好比温室里的花朵，他们严重缺乏与同龄人的交流、沟通，从而造成他们的交往需求难以得到满足；此阶段的大学生自尊心较强，部分贫困生心理较为敏感，情绪情感脆弱，与富裕家庭的学生存在着一定的心理隔阂，在与他们进行交往时容易出现封闭、嫉恨等心理倾向性；而且大学生在面对男女交往、恋爱等问题时，由于不能正确地把握而带来生活中的困扰。

因此，针对大学生在学习、生活中出现的情感困惑，辅导员要根据大学生的个性心理品质，因材施教；根据大学生个人的实际情况，有针对性地进行人际交往教育，充分发挥疏导原则在教育中的运用，进行协商对话、心理调适，从而帮助大学生树立相互理解、宽容以待的积极心态，以解决学生人际关系之间的冷漠、紧张的状态，从而促使学生间的和谐发展；最后还要积极引导学生正常地对待异性交往，理智地对待友情、爱情等。

在就业疏导方面，所面对的主要对象是大学应届毕业生。在进行系统化、专业化、全程化的就业疏导的过程中，帮助大学生树立正确的就业择业观念，对于培养大学生的社会适应性起着十分重要的作用。首先，从学校方面来说，可以分年级分阶段进行疏导，从职业了解与认知，帮助学生清楚就业的情况，到职业的定向与选择，带领学生认清职业方向，再到就业能力准备，为学生打好坚实的基础，最后到就业实现与职业启动这一阶段，开始学生的职业生涯。其次，从机制方面出发，要致力于构建和完善大学生就业疏导全员指导机制。所有的教师，包括辅导员在内，都要参与进来，可以通过一系列的就业讲座、多样化的学科竞赛、严谨的职业生涯规划、丰富多彩的班级文化活动等，让学生乐在其中，在健康的氛围中树立起正确的就业择业观。

三、加强大学生思想政治教育心理疏导的路径分析

在大学生思想政治教育过程中如何对大学生进行心理疏导，并充分发挥其作用，就成为高职院校当前研究的重要课题。

首先，完善健全的思想政治教育工作机制。高职院校大学生思想政治教育工作注重心理疏导，在课堂教育方面，良好的思想政治教育目的是帮助大学生全面发展。完善健全的思想政治教育工作机制就是要"将教育、管理、服务三者融为一体并贯穿于教育工作的始终，增强大学生思想政治教育工作的服务效益"。这就要求教师在教授常规课程时尤其是学校的思想政治课时，能自觉有效运用心理学的理论和方法手段，让学生在学习学科知识的同时，完善心理品质，尤其是获得良好情感，锻炼意志品质。学科渗透的方式能潜移默化地教育和点化学生，使课堂更具人文关怀。这对教师有较高要求，心理疏导的运用要求教师改变教学观念，要活跃课堂氛围，改变单一的课堂

组织形式，增强师生互动性。

其次，提高教育工作者的人文素养。大学生思想政治教育中心理疏导是非常必要的，而承担这一重要任务的是高职院校辅导员。我们要培养一支有专业思想政治教育知识理论、有心理学专业知识、有专业的心理咨询能力、有良好人格魅力的综合素质的高职院校辅导员。只有思想政治教育者自己的心理素质良好，掌握专业的心理学知识和有专业的心理学研究能力，才能去帮助大学生解决心理问题，使他们走出困境；教育者在具有专业知识、专业学科研究能力基础上，才能成为一名合格的高素质教育人才；只有思想政治教育者自己有良好的道德素质，有良好的人格魅力，才能真正影响学生，学为人师，行为示范，帮助学生成为有道德人。

最后，优化和谐高职院校学习生活氛围。和谐的校园文化氛围，有利于提升广大师生的文化素养，净化和优化大学校园文化人文环境。思想政治教育的传播能更好地促进校园文化的发展。开展思想政治教育主题活动，提高大学生的思想政治素质。开展形式多样的社会实践活动，社会实践活动是加强和提高大学生思想政治教育的有效方式。在社会实践活动中，大学生通过自身所学的专业知识进行社会实践活动，可以进一步地促进专业知识的提高，激发学习的热情，并在实践中得到启发、受到教育，从而增强社会责任感。

综上，大学生思想政治教育中人文关怀和心理疏导对于促进大学生身心健康发展、提升大学生良好的人格品质、坚定大学生的人生理想信念具有一定的积极意义。大学生作为社会主义现代化建设和实现中华民族伟大复兴"中国梦"的主力军，他们的心理健康发展是时代的要求。因此，我们必须将大学生思想政治教育中人文关怀和心理疏导作为一个长期的系统的工程来抓，切实做好对大学生的人文关怀和心理疏导工作。

第四节　提高心理咨询服务质量

国外高职院校心理咨询服务起源早，服务系统全面，主要表现为心理咨询服务的目标与任务注重人性化和个性化，机构设置系统化，服务团队专业化，服务内容范围广，服务形式多样。其主要形式包括个别辅导、团体辅导活动、心理辅导课程、网络辅导新招、学生心理互助计划及开展特色活动等。而我国心理咨询服务与国外发达国家相比，有较大的差距，所以我国需要立足于实际，合理借鉴国外先进的服务经验，引导我国的心理咨询服务更好地发展。

20世纪80年代，中国高职院校心理咨询起步发展。20多年来，学者们对国内外相关理论与实践的研究与探索，使我国高职院校心理咨询服务工作得到长足的发展。但是通过对比中国与美国、英国、日本、澳大利亚等发达国家的心理咨询服务工作的差异性，仍可发现我国高职院校心理健康教育的不足之处，需要继续总结和借鉴国外高职院校心理咨询服务的宝贵经验。

一、国外高职院校心理咨询服务的目标与任务

国外高职院校心理咨询服务的目标与任务，强调以生为本，注重人性化和个性化，针对学生个体特点，促进大学生整体性的健康。如美国崇尚个人的独立性，他们尊重每个人按照自身的方式进行生活，因此他们首要看中发展个人生活能力，希望能够按照个人的自身素质和发展规律来帮助每一个人，所以美国的心理咨询目标和任务由传统的矫正性不断向大学生活适应性和学习发展性的方向发展。美国高职院校心理咨询除了关注心理健康之外，还会关注大学生的身体健康、生活态度健康，以及生活环境适应等方面。美国的哈佛大学、麻省理工学院、斯坦福大学和耶鲁大学等一流大学就是美国心理咨询方面的典型代表。哈佛大学心理咨询中心的目标和任务主要是围绕"关爱每一位学生，尽量帮助每一位有病的学生，教育和服务大学社区的环境，以及关注与学生健康相关的其他事务"。麻省理工学院心理咨询中心则是"通过组织各种促进学生身心健康的心理辅导教育活动，通过调动同学之间的互助，促进校园内所有学生健康、舒适地生活"。英国高职院校心理咨询中心的人性化理念主要体现在，满足大学生自身成长与发展的需要，如充分尊重学生的独立人格、特性和正当权益等。同时，服务的宗旨始终围绕学生自身成长和发展的需要，主动构建与学生的信任关系，充分调动学生自主性作用，使其积极参与到心理咨询的过程中来。

而我国高职院校的心理咨询中心更倾向于传统的矫正性心理咨询，重点关注学生的情绪障碍、行为偏差、人际交往障碍、学习困难等，帮助有心理障碍的学生消除障碍，更好地适应大学生活，维持校园内稳定与和谐。目前我国大部分高职院校心理咨询中心还处在解决问题的阶段，甚至有部分高职院校还定位于力图"不发生心理危机事件"的阶段，还没有把提升整体学生心理素质放到重要的议事日程上。

二、国外高职院校心理咨询服务的机构设置与人员构成

（一）机构设置的系统性

国外高职院校的心理咨询服务机构系统完善，分别由独立的心理健康服务中心、心理咨询中心和心理治疗机构等组成，能够提供一整套心理咨询与治疗的社会帮助机制。国外高职院校的心理咨询中心从行政上隶属于学校的学生事务管理部门，是学校服务学生的重要组成部分，而且与学校其他行政部门联系密切，共同为学生工作和生活服务。如美国哈佛大学学生心理健康服务机构包括医疗服务机构（如校医院等）、心理咨询机构、学习咨询处等。麻省理工学院则设医疗中心、健康交流中心、校园生活

临床指导者办公室等，其共同点就是联合众多部门和机构，一起为学生提供涵盖个体成长与发展的心理健康服务。英国高职院校的心理咨询服务中心一般会包括心理健康顾问部、咨询与安置协调部、学习顾问部等，各部门间分工明确、专业化程度高。心理咨询中心从业人员有代理咨询师、临时咨询师、全职咨询师之分，共同构成专业化的服务队伍。日本高职院校的心理咨询则更加系统化，已经形成了一支以心理学工作者为主，医务人员和学生管理人员等配合协作的工作队伍。其工作职能是帮助和支持大学生解决学习、心理、社会和发展中遇到的问题。工作层次由三级不同的心理援助构成：一级心理援助的目的是促进学生发展和适应环境，起预防性的作用，服务对象是全体在校学生。二级心理援助的目的是预防和早期发现问题，服务对象主要是心理、学习和就业升学等方面的问题学生。三级心理援助的目的是关注明显有心理问题的学生，服务对象是需要特别关注和援助的心理问题学生。

而我国大部分高职院校心理咨询中心，虽然行政上都设在学生工作部（处）下，但由于其工作的独立性，较少与其他行政部门联系；同时，因兼任学生事务工作不能专心从事心理咨询服务。此外，国内高职院校的心理咨询中心机构设置单一，服务范围窄。

（二）心理咨询服务团队的专业性

国外高职院校的心理咨询机构规范，人员配备充足，同时有严格的职业认证与管理制度。心理咨询工作人员进入高职院校心理咨询行业前，必须拥有规定的学历，一定时限的专业培训，同时接受过专业督导。入职前的专业实习，能够保证心理咨询从业人员的专业化水平。美国高职院校心理咨询机构专业人员数量配备充分，数量少则6 ~ 7人，多则30人左右。他们从业前必须进入美国学校心理学协会（NASP）和美国心理学会（APA）认可的心理学专业学习并获相关专业的博士学位，同时必须通过所在州的心理咨询员职业考核资格认证，才可以获得APA认可资格，从事心理咨询工作。从临床实践中可以看出，高职院校心理咨询中心的员工包括心理咨询师、精神病医生、咨询员、支持员工、精神科护士从业者、注册临床社会工作者和实习生。从工作性质可分为专业员工和支持员工。心理咨询由专业员工完成，他们大部分拥有教育学、咨询心理学、临床心理学、精神病学和社会工作者领域的博士学位。支持员工是指前台接待和后台服务工作人员，他们必须接受规定的心理咨询专业基本训练。英国高职院校心理咨询专业人员被称为"特许教育心理学家"。他们的认证与管理全部由英国心理学会完成。该协会规定所有从业人员最低资格必须满足研究生以上学历，拥有教师资格证认证，同时获得两年以上的儿童青少年教育经历。研究生毕业后，必须经过至少两年的教育心理学训练。高职院校心理咨询人员通过咨询规范教育，才可以为高职院校开展专业化的心理咨询服务。加拿大则执行严格的督导制度，定期对高职院校的心理咨询人员提供现场督导，组织他们定期进行专业研讨，并为他们提供长期的职业化和专业化指导。澳大利亚的心理学协会，则对新上岗和在岗的心理咨询师进行定期考核、评估和督导，确保高职院校心理咨询师的专业性。

而我国高职院校的心理咨询中心起步较慢，工作队伍专业性还欠缺，虽有部分心理学专业的硕士研究生毕业后加入队伍，但是兼职居多和工作繁杂。国家缺乏对高职院校心理咨询从业人员相应的认证系统、职业化的管理系统和严格的督导制度，同时也缺乏相应的机构组织高职院校心理咨询从业人员实习及培训，导致国内高职院校心理咨询机构专业性和临床经验不足，难以满足我国大学生的心理咨询需求。

三、国外高职院校心理咨询服务的方法内容与形式

（一）国外高职院校心理咨询的主要方法

国外高职院校心理咨询主要运用心理学四大学派的思想：精神分析学派、行为学派，人文主义（人本）学派、认知行为学派。Kartz（1983）提出，55%的心理咨询师会运用整合方法，16%的心理咨询师会运用精神分析或心理动力；10%的心理咨询师会运用行为主义；7%的心理咨询师会运用人本主义；12%的心理咨询师会运用其他。Hollanders（1999）提出95%的心理咨询师会运用折中的混合技术。国外高职院校心理咨询中心较多地使用传统的行为主义强化矫治技术、弗洛伊德的精神分析技术等。国外心理咨询中心由于咨询团队的专业性，且拥有完整的心理咨询系统，能够对受访者进行长期的咨询服务，所以心理咨询师能够较多运用精神分析法分析来访者深层次的冲突和精神结构，促进结构重组和人格成长。

而我国高职院校的心理咨询中心较多地使用认知行为疗法，它们的目标多集中在浅层的心理问题引导，较少对学生进行心理动力学的分析和人格的成长。所以，我国高职院校心理咨询大部分属于短期问题解决式的心理咨询。另外，由于我国咨询团队专业背景欠缺，咨询的免费性，心理咨询工作人员还要担任教学、培训、排查等工作，所教学生也可能来咨询，所以难以展开精神分析法等更加全面的咨询方法。

（二）国外传统心理咨询服务的主要内容

西方发达国家心理咨询的范围广，且正向多样性和综合性方向发展。国外传统的心理咨询注重个别心理咨询，各高职院校每年接待的个别咨询人数众多，几乎涉及大学生生活的各个方面。国外传统的个别咨询，能够一对一服务，对于心理有问题学生的个人问题和危机干预有较大的帮助。

美国心理咨询中心的接待量大、咨询工作范围广。如美国马里兰大学心理咨询中心2008—2009年4个分支部门共接待学生6 097人，占学生总数（37 000人）的16.5%。美国托马斯·克兰（Thomas Okland）将美国高职院校心理咨询的服务领域概

括为个别评估、直接干预、间接干预、研究评估、监督与管理、预防等六大类。美国心理咨询中心业务范围广，主要职能包括学业发展、自我潜能开发、自我情绪调节、人际交往技巧、求职技能、婚恋关系发展、新生适应训练、心理测试与评估、心理危机干预等。对于问题严重的学生，心理咨询中心会采取转介到校医院或者校外医疗机构的方法来处理。美国整个社会形成了一个互相支持的大学生心理健康系统。澳大利亚高职院校心理咨询中心的工作内容层次分明，形成了一个三级服务范围，更好地为大学生提供心理咨询服务。一是为在学校环境适应、个人生涯发展和人际关系等方面遇到困难的学生，提供心理咨询或治疗；二是围绕学生学习和发展方面的问题，提供学习压力方面的咨询，协助学生顺利完成学业和自身发展；三是密切联系学校的其他管理部门，联手扩大服务范围，共同更好地应对学生突发心理危机，促进学生个人的健康发展。英国大学的心理咨询活动主要包括心理健康宣传、学习学业指导、心理健康咨询和医疗卫生保健等四大方面。加拿大高职院校的心理咨询几乎囊括了大学生学业、基本生活和工作等相关领域。

虽然我国高职院校心理咨询也大体包括以上内容，但心理咨询水平还不高，能力也不够强；内容层次不够分明，注重障碍性心理咨询，忽略发展性心理咨询；忙于学生心理健康的维护，未能顾及学生心理素质的提高；学生工作部门分工明确，但共同开展心理教育与咨询显得不够合力。

（三）国外高职院校心理咨询服务的主要形式

1.团体辅导活动

随着心理咨询的不断发展，国外高职院校心理咨询的途径日趋多样化，在传统一对一个体辅导的基础上，逐渐盛行团体辅导。团体辅导的范围广，动力强，效果较好，因此逐渐成为国外高职院校心理咨询的重要补充。美国高职院校的团体辅导形式多样，主题能够密切联系大学生的实际生活和学习，能够较好地被大学生接纳。如美国马里兰大学心理咨询中心，2008—2009年间通过咨询服务部和学习协调服务部组织了17个组别的团体咨询和治疗（如关注自我身体和自身发展小组、姐妹朋友圈小组、压力管理小组以及自我放松小组等）。同时，学习协调服务部以工作坊的形式，吸引了197名学生参与15个不同类型的工作坊（如何使自己的生活变得有条理；如何减轻考试的焦虑情绪；时间管理等）。英国高职院校针对服务对象的不同，也通过团体咨询和主题工作坊的形式来丰富服务的形式。剑桥大学曾推出形式多样的主题工作坊，如时间管理、如何学会放松等。

2.心理辅导课程

国外的心理咨询机构还常开设专业课程，促使学生在课堂上学习心理健康知识，让学生关注自我的心理发展，更科学地认识人类心理发展的特点。如以必修课或者选修课的形式开设健康心理学、变态心理学、人生成长、人类性行为、人的衰老和死亡等课程。同时，心理咨询中心也会调动专业老师的资源，共同开发大学生心理健康发展的课程，如大学生心理健康发展、人格健全等。

3. 网络辅导新招

随着网络技术的发展，网络心理咨询也成为国外高职院校心理咨询的重要形式之一。网络心理咨询的便利性、及时性和匿名性等特点，能给学生带来较高的安全感，所以，网络辅导得到盛行。学生可以在网上随时预约网络心理咨询，通过 E-mail 和聊天室等方式，解决学习、生活、恋爱，以及职业发展等问题。如美国马里兰大学的心理咨询中曾统计，2008—2009 学年通过网络心理咨询共接待 74 079 人次，与一对一个别咨询接待人次（6 432 人次）相比，具有数量上的优势。

4. 学生心理互助计划

国外心理咨询不仅仅局限于室内心理咨询，还不断扩展到学生间的心理互助活动。如美国的中间联系人（Med Links）计划和英国的朋辈心理辅导计划。美国麻省理工学院 Med Links 计划由健康促进中心发起和组织，从不同的生活群体，宿舍和学生社团中，寻找学生代表来做中间联系者。要求中间联系者每年参加一定学时的训练课程和研讨活动，提高他们处理问题的能力。中间联系者还可以通过 Ask A Med Link 网站，为有困难的学生提供帮助。中间联系者计划，则能够充分发挥学生之间的促进和联合作用。美国哈佛大学也有学生心理互助辅导组织，如"13 号室""反应""回响热线""共同热线"等。英国的朋辈辅导计划是一种学生心理互助形式，也是学校心理辅导的重要补充。如牛津大学以集中讲授、一对一实践、通过体验和导师的不定时培训指导等方式来培训心理朋辈辅导员。

5. 开展特色活动

国外高职院校会根据学生的需要，举办形式各样的心理特色活动。如美国的心理咨询机构，围绕大学生经常遇到的心理问题，以研讨会的形式展开讨论，通过适时的指导，讲授原来通过课堂或者个别咨询授予的心理学知识以及解决问题的技巧，同时引导参与学生更好地体验自己心理的细微变化，通过自我观察、自我记录、自我反思与自我反馈，让学生正视心理问题，达到心理健康教育的目的。如美国斯坦福大学的"斯坦福饮酒教育研讨会"，让学生了解饮酒的危害以及如何应对酗酒等健康问题。此外，国外著名高职院校都设有健康图书馆或者资料阅读中心。通过健康图书馆，免费给学生提供书籍、多媒体资源和网络资源，拓宽心理咨询和服务的途径，提高服务质量，也能够更好地吸收新知识，更好地解决心理健康困难。如美国哈佛大学的健康图书馆，向全校学生开放。另外，国外大学还会结合大学生的实际问题，举办特色的心理健康活动。如加拿大多伦多大学的心理咨询中心，设立新生"适应项目"，项目的内容丰富，形式多样，通过讲座、见面会、午餐会以及集体外出等形式，让更多的新生加强交流，在活动中适应大学生活。

虽然我国高职院校大致也运用以上形式来开展心理咨询工作，但表面文章较多，效果受到影响。有些形式缺乏针对性和专业性，不受学生真心的欢迎。此外，搞一时轰轰烈烈的活动多，持之以恒的常规工作少，存在明显的形式主义和形而上学。

国外高职院校心理咨询服务起源早，系统完善，在目标与任务、机构设置与人员构成、内容与形式方面都有较多可取的经验。我国高职院校心理咨询服务要立足学校的实际情况，合理地借鉴国外心理咨询服务的经验，引导我国高职院校心理咨询服务向科学化、专业化、职业化方向发展。我国高职院校可以尝试拓宽心理咨询的目标和服务范围，提高工作队伍的专业性，丰富心理咨询的形式，完善系统的服务体系，形成一个心理咨询机构、心理治疗机构和心理健康服务中心三者结合的高职院校大学生心理帮扶体系。

第五节　建立健全学生心理健康档案

建立大学生心理健康档案，及时、全面地掌握大学生的心理动态，是高职院校心理健康教育工作的重要环节。该节主要阐述建立大学生心理健康档案的重要性和必要性，探讨当前在心理健康档案管理上普遍存在的问题，并在此基础上提出了相关建议。

一、建立心理健康档案的重要性

大学生心理健康教育的总体目标是：提高全体学生的心理素质，充分开发学生的潜能，增进心理健康，促进学生人格的完善与健全发展。其具体目标是：对全体学生开展心理健康教育，使学生正确地进行自我认知，增强自我调节、承受挫折、适应环境的能力，培养学生健全的人格和良好的个性心理品质。对少数有心理问题或心理障碍的学生，进行科学有效的心理引导，让他们尽快摆脱困扰，适当进行自我调节，提高心理健康水平。大学生心理健康档案的建立和正确使用就是为达到以上目标而服务的。

大学生心理健康档案的建立是通过科学的方法，对大学生的心理状况进行全面的测试与调查而建立起来的，从中我们除了能了解每一个大学生的个性心理特征和心理健康状况外，还能总结出不同大学生群体在心理健康中存在的共性以及差异性问题，为心理研究提供大量客观的第一手材料。

建立健全心理健康档案，能够及时准确地掌握和了解学生的心理发展规律、发展特点及现状，让教师尽快熟悉和了解学生，提高工作效率，为学校的科学管理提供宏观决策依据；同时有助于及时发现学生潜在的心理问题，能够对部分学生进行有针对性的辅导，及时地干预或转介，做到防患于未然。

二、大学生心理健康档案建设的现状

（一）重诊治轻发展

目前大多数高等院校都存在重诊治、重障碍咨询、重事后处理，而轻心理预警、轻发展咨询的问题。在新生入学的第一学期，借由心理普查进行资料的收集和心理健康档案的建立，但目的是筛选出部分有问题的学生，而对于大部分心理状态良好的学生，是缺乏后续跟踪记录的。这说明许多高职院校对于建立大学生心理健康档案的目的性都缺乏正确的认识，他们并未意识到建立心理健康档案是为大学生的健康成长进行服务的，是服务于全体大学生而不是少数问题学生的，是帮助大学生不断提高自我认知、开发潜能，培养健全的人格和良好的个性心理特征的，而不只是为了发现少数有心理问题的学生。

（二）知情同意权缺失

在心理健康档案的建立和管理过程当中，大部分高职院校都是强制安排了心理普查，进行心理档案资料的建立，并未提前解释或告知学生有关心理普查的相关内容及心理档案建立的意义，更未获得学生本人的认可。因此会导致大学生对心理健康档案管理的保密性原则缺乏了解和信任，担心档案的建立会影响学校和教师对自己的评价，甚至担心自己隐私资料的泄露，从而产生抵触心理，或在普查的测试中，不能诚实地作答，存在掩饰现象，导致测试结果为无效问卷，缺乏参考价值。

（三）缺乏系统性

大学生心理健康档案的来源相对比较复杂。从结构上来看，既应有新生入学时的资料情况，也应有在校期间的相关动态信息；既要有心理普查时的相关数据信息，也要有心理老师、辅导员、任课老师、朋辈的描述性记录，以及学生对自我心理状态的评价、对未来的期望等。然而目前对这些材料的系统化收集做得还不够全面。另外，在心理普查进行资料建档的过程中，难以做到100%全员参与和100%的有效问卷，因此会造成部分学生心理健康档案的空白与缺失。

（四）缺乏动态性

大学生的心理发展是一个动态的过程，是随着大学生的身心发展而不断变化的，因此很有必要定期进行心理测试及后续的跟踪研究，不断丰富、更新心理健康档案，为大学生的心理成长轨迹提供资料和数据支撑。而当前高职院校在心理健康档案的动态更新上存在着严重不足，更新速度慢，资料搜集简单，缺乏完整性，不能及时发现大学生心理状态上的变化。

三、大学生心理健康档案的建设和管理措施

（一）端正对大学生心理健康档案建立和使用目的的认识，促进其心理健康发展

普通高等院校大学生心理健康教育工作的主要任务是："根据大学生的心理特点，有针对性地讲授心理健康知识，开展辅导或咨询活动，帮助大学生树立心理健康意识，优化大学生的心理品质，增强大学生的心理调适能力和社会生活适应能力，预防和缓解心理问题。帮助他们处理好环境适应、自我管理、学习成才、人际交往、交友恋爱、求职择业、人格发展和情绪调节等方面的困惑，提高健康水平，促进智德体美等方面全面发展。"建立健全大学生心理健康档案，能让我们方便快捷地了解大学生的个性特征和成长状况，进行有针对性的教育和辅导；同时能够帮助大学生正确地认识自己、积极调适并发展自我，形成良好的个性心理品质，促进大学生身心全面发展。

（二）关注大学生主体的个人诉求，保障知情同意权

在心理健康档案建立和管理的过程当中，应该做到尽量保障大学生的知情同意权。第一，学校需告知大学生心理健康普查及心理健康档案建立的目的和意义。第二，大学生对自己的心理健康档案的内容具有知情权，在本人知情并同意的情况下，进行系统的测试和资料的填写。第三，对大学生的相关资料信息务必严格遵循保密原则，这样才能取得学生的信任。

（三）规范心理健康档案的内容，丰富资料的搜集渠道

心理健康档案应该包含两方面的内容：一是学生的基本资料，由历史资料和现状资料构成，主要包括个人基本情况、身体健康情况、家庭生活情况、学校学习情况、个人日常行为表现以及对个人生活有影响的重大社会生活事件等；二是有关学生心理状况的资料，主要包括相关心理测验结果、个别咨询记录等。同时，在收集心理档案资料时应将量化资料与非量化资料相结合，并应结合多种研究方法，如调查法、测验法、观察法、作品分析法、个案研究法和实验法等。

（四）加强心理教师与班主任、辅导员、学生干部、学生家长之间的沟通与协作，定期更新与完善心理健康档案

仅靠心理教师的力量去建立全面的大学生心理健康档案，显然是不行的，除此之外，还需要班主任、辅导员、学生干部、学生家长之间加强沟通、交流与合作，各任课老师和行政、后勤部门的配合，方便心理教师开展心理普查、收集资料、约谈学生等工作，并有责任在必要时为其提供帮助，以便其能够不断完善心理档案的内容，实现定期更新资料、动态跟踪的目标，让心理健康档案充分发挥其效用。

第七章　高职大学生的人际交往及其调适

人是一切社会关系的总和。在现实社会生活中，每一个人都不可避免地要与他人交往，形成纷繁复杂的人际关系。交往是人的生活需要，人际交往是大学生必不可少的行为之一，人际交往的效果和人际关系的好坏直接影响着大学生的健康成长与发展。培养学生的人际交往能力和技巧，使学生形成正确的人际交往观，对学生当前的人际适应以及将来顺利地走向社会，建立和谐的人际关系，有非常重要的意义。

第一节　人际交往概述

交往是两个或两个以上的人借助语言符号系统或非语言符号系统，进行沟通、理解、产生行为的过程。人际交往主要是通过语言符号系统或非语言符号系统实现的。它不仅是群体成员共同活动的特殊形式，也是人们交流思想感情、传递信息的重要手段，更是人们表达情感、解除内心紧张、获得对方同情和理解的主要途径。

一、人际交往的含义

人际交往是人类社会活动的一种特殊形式。人有各种各样的需要，其中交往的需要是人的基本需要之一。人际交往包括两个方面的含义：从动态的角度说，人际交往是指人与人之间的信息沟通和物品交换。语言信息的交流与沟通，是人们在社会生活中相互联系的主要形式。有人估计，除了 8 小时的睡眠以外，在其余的 16 小时中约有 70% 的时间，人们都在进行相互交往，沟通信息，如读、听、写等。就信息传递而言，人际交往与一般通信工具的信息传递不同，具有自己的特点，具体表现在：首先，交往双方都处于积极主动的状态。交往是双方相互作用的过程，是信息的积极交流和理解。其次，交往在一定程度上改变了双方的关系。人们在交往中不仅交换信息，而且相互产生心理上的影响，使交往双方的态度和行为趋于一致，从而使交往双方建立起良好的人际关系。最后，人际交往过程中会产生特殊的社会性和心理性的障碍。社会文化背景、个人的社会地位、需要、动机以及交往双方个性特点的差异等都会妨碍交往的正常进行。

从静态的角度说，人际交往是指人与人之间已经形成的关系，即通常所说的人际关系。人际关系的变化和发展取决于人们的心理需要满足的程度。如果交往双方的社会心理需要都能获得满足，那么，人们之间就会发生并保持一种亲近的、信赖的、友好的关系。如果一方对另一方因某种原因表示不友好、不尊重，则另一方就会产生疑虑和不安，就会增大心理距离，使原来的亲密关系变成疏远关系，甚至有可能发展成敌对关系。

二、人际交往的阶段

人际交往过程中必然形成一定的人际关系。人际关系是人与人之间心理上的关系，心理上的距离。人际关系反映了个人或团体寻求满足其社会需要的心理状态，以及交往过程中双方自我暴露的水平。因此，根据人际交往过程中双方社会需要的满足程度、情感卷入水平以及自我暴露水平的不同，从交往由浅入深的角度，可以把人际交往分为定向、情感探索、感情交流和稳定交往四个阶段。

（一）定向阶段

定向阶段包含着对交往对象的注意、抉择和初步沟通等多方面的心理活动。初步沟通是我们在选定交往对象之后，试图与这一对象建立某种联系的实际行动。由于初步沟通实际上是试图建立更深刻关系的尝试，因此，尽管我们所暴露的有关自我的信息是最表面的，但我们都希望在初步沟通过程中给对方留下良好的第一印象，以便使以后关系的发展获得一个积极的定向。

（二）情感探索阶段

本阶段的任务是彼此探索双方在哪些方面可以建立真实的情感联系，而不是仅仅停留在一般的正式的交往模式。随着双方共同情感领域的发现，双方的沟通也会越来越广泛，自我暴露的深度与广度也逐渐增加。但人们的话题仍避免触及别人秘密性的领域，自我暴露也不涉及自己根本的方面。双方的交往模式仍与定向阶段相类似，具有很大的正式交往特征，彼此还都仍然注意自己表现的规范性。

（三）感情交流阶段

双方关系的性质开始出现实质性变化。此时双方人际关系的安全感已经得到确立，因而谈话也开始广泛涉及自我的许多方面，并有较深的情感卷入。双方的表现已经超出正式交往的范围，正式交往模式的压力已经趋于消失。人们会相互提供真实的评价性的反馈信息，提供建议，彼此进行真诚的赞赏和批评。如果关系在这一阶段破裂，将会给人带来相当大的心理压力。

（四）稳定交往阶段

人们心理上的相容性进一步增加，自我暴露也更广泛深刻。人们已经可以允许对方进入自己高度秘密性的个人领域，分享自己的生活空间和财产。但实际生活中，很少有人达到这一情感层次的友谊关系。许多人同别人的关系仅仅在第三阶段的同一水平上进行简单重复。

三、人际交往的功能

（一）信息交流功能

有人估计，人们除了睡眠以外，其余的时间约有 70% 都在进行相互交往，以达到思想交流、互通情报的作用。新的科学技术革命的核心是"信息革命"。科学家研究发现，人类的知识在 19 世纪是每 50 年增加一倍，20 世纪是每 10 年增加一倍，其中 70 年代时是每 5 年增加一倍，而现在更缩短到约每 3 年增加一倍。信息作为社会生活中的动力和原料已经展示出越来越大的意义。信息是多种多样的，信息交流的方式也是多种多样的，而人际交往就是一种获得和交流信息的有效方式。一个人从书本上学到的知识毕竟是有限的，而通过人际交往，就能以更迅速的方式直接获得信息。

（二）促进发展功能

人际交往是个人社会化的起点和必经之路。社会化即个人学习社会知识、生存技能和文化，从而取得社会生活的资格，开始发展自己的过程。如果没有其他个体的合作，个人是无法完成这个过程的。人只要活着，不管你愿意或自觉与否，都必须与人进行交往。人一生的成长、发展、成功，无不与同他人的交往相联系。从人际关系中得到信息、机遇、扶助就可能帮助你走上一条成功之路。现代科学技术的发展使我们越来越依靠群体的力量，人与人之间的情感沟通和智力交往使某些工作出现质的飞跃，这种"群体效应"已越来越成为各项工作的推动力。这种效应的出现主要是在人际互动和交往中实现的。在交往过程中，彼此互相学习，共同提高，可产生"$1+1>2$"的智力共振。

（三）协调整合功能

人与人之间存在各种各样的差异，有时这种差异还会导致激烈的矛盾冲突。在社会生活中为了协调人们的行为，使之保持平衡，避免发生相互干扰及矛盾冲突，就会产生社会公约与团体规范。这些公约与规范之所以发生作用，乃是通过人际交往将社会信息传递给每个社会成员，从而促使人们的行为相互协调、保持一致。人际交往常能使人们联合起来，形成一个整合的主体。任何一个企业单位其产品的畅销、成本的降低、获利的增多、技术的革新等等，都必须从社会上得到信息，这些信息包括市场的需要、最新的技术资料、同行企业的动态等。企业的领导人必须把上述信息在企业内部进行上下左右的沟通，通过上情下传或下情上传，才能引导大家集中力量、统一步调、分工协作地实现其团体目标。

（四）自我认识功能

人的自我意识的保持和自我价值感的确立是通过社会比较过程来实现的。一个人只有将自身置于社会背景之中，通过将自己与别人进行比较才能确立自己的价值。所以，人需要了解别人，也需要通过别人来了解自己。因此，需要同别人进行交往，需要同别人建立并保持一定的人际关系。一个人必须不断地通过社会比较获得充分信息，使自己相信自己是有价值的，才能保持其稳定的自我价值评判。如果社会比较的机会被长期剥夺，则会使人因缺乏自我状况的社会反馈信息而导致个人价值感丧失的危机，并使人产生高度的自我不稳定感。人是不能忍受自己的价值得不到肯定的。因此，自我不稳定感会引起人的高度焦虑，并促使人去同他人进行交流，进行有意无意的社会比较，以便获得有关自我状况的社会反馈，了解自我，使自己的行为具有明确的方向，并使自我价值感重新得到确立。

（五）心理保健功能

通过彼此相互交往，诉说各自的喜怒哀乐，可增进人们之间的亲密感、安全感，并能从中吸取力量，这对保证人的心理健康无疑都是必需的。心理学研究证明，环境剥夺——以人为方法造成感觉经验、一般外来刺激及社交机会的匮乏，对个体的身心发展都会带来极大的损伤。如母子间正常交往的剥夺可造成孩子智力发育不足和情绪上的挫折与异常。心理学家研究发现，如果一个人长期缺乏与别人的积极交往，缺乏稳定而良好的人际关系，这个人往往就有明显的性格缺陷。心理学家也从各个不同角度做过大量的研究，结果发现，健康的个性总是与健康的人际交往相伴随的。心理健康水平越高，与别人交往越积极，越符合社会的期望，与别人的关系也越融洽。有的社会心理学者认为，人们要求交往是出于和睦、解除恐惧的需要。

四、人际交往的原则

（一）平等原则

社会人际交往，首先要坚持平等的原则，无论是公务还是私交，都没有高低贵贱之分，以朋友的身份进行交往才能深交。大学生来自全国各地，年龄、经历、文化水平等都大体相同，并无尊卑之分，他们交往的原则应该是平等的。无论何时何地，无论年龄高低，任何大学生都要做到平等待人，决不允许任何人自视特殊，居高临下，傲视他人，否则就会脱离群体，成为"孤家寡人"，造成心理上的孤独感。调查表明，那些优越感很强，喜欢显示个人特长和家庭背景的大学生，多数人缘关系较差，即使能力很强，也无法发挥，因为不坚持平等交往原则的人是不会被他人欢迎和接受的。

（二）尊重原则

生活中，每个人都有自己的人格尊严，并期望在各种场合得到他人的尊重。生活的实践告诉我们，只有尊敬别人的人，才能获得别人的尊敬。所以大学生首先必须学会尊重别人，包括尊重别人的人格、权利和劳动果实。古人说："敬人者，人恒敬之。"俄国作家屠格涅夫有一天走在大街上，一个年迈体弱的乞丐向他伸出颤抖的双手，大作家找遍所有的口袋，分文没有，感到惶恐不安，只好上前握住乞丐的那双脏手，深情地说道："对不起，兄弟，我什么也没有，兄弟。"哪知，大作家这一声声"兄弟"却超过了钱币的作用，立即使老乞丐为之动容，泪眼蒙眬地说："哪儿的话，这已经很感恩了，这也是恩惠啊！"这个故事说明，无论什么人，无论地位高低，渴求得到尊重的心理是一样的。所以大学生在人际交往中一定要学会尊重别人。

（三）信用原则

人是离不开交往的，而交往离不开信用。所谓信用指一个人诚实、不欺、信守诺言。古人有"一言既出，驷马难追"的格言。现在有以"诚实为本"的原则，不要轻易许诺，一旦许诺，要设法实现，以免失信于人。朋友之间就应言必信，行必果；不卑不亢；端庄而不过于矜持，谦虚而不矫饰诈伪；不俯仰讨好位尊者，不藐视位卑者，显示自己的自信心，取得别人的信赖。信任是忠诚的外在表现，讲信用是相对于他人而言的，没有交往便没有信用问题，单独的个人就不存在信用问题。在大学生的人际交往中，取信于人是非常重要的。美国一位心理学家曾做过一次心理调查，让大学生说出最喜欢和最不喜欢的人的有关人品的形容词，结果学生评价最高的品质是忠诚，评价最低的是虚伪。由此可见，信用在人际交往中的意义和分量。

（四）互助原则

这是一种崇高的道德力量，是纯洁友谊的内容，不要将此曲解成斤斤计较的功利原则，如"我今天帮助你，你明天必须报答我"，或"我不图别人的好处，但我也决不白施于人"。它要求我们在别人遇到困难时伸出热情之手，像雪中送炭一样给别人以物质或精神的慰藉。互助的关键是要出于真诚。当然，互助也要注重双向性、互利性，如果一方只索取不给予，或只给予不索取，那就容易使另一方或者认为自己被人利用，或者误解对方的诚意，不敢再进一步向对方敞开心扉，从而中断交往。事实证明，交往中缺乏真诚互助，双方的关系就容易疏远。

（五）宽容原则

大千世界，芸芸众生，每个人都有不同的个性和爱好，而且"金无足赤，人无完人"。因此，我们与人交往时，既不能用一种标准去要求他人，也不能苛求他人，要学会宽容，求同存异。宽容他人就是在宽容自己，苛求他人就是在苛求自己。不会宽容他人也同样得不到他人的宽容。宽容原则非常重要，因为大学生交往中的许多问题都是由于不宽容造成的。要能宽容别人，首先要理解别人，学会设身处地地为别人着想。而要真正理解别人，为别人着想，又要多交流，深入了解各自的性情爱好和价值观念，这样才不至于在出现问题后无端猜疑，造成纠纷，有碍于形成宽容、和谐的交往气氛。宿舍交往中生活小事的磕磕碰碰更是难免，这个时候就更需要每个同学以宽容的心态对待问题，否则小的摩擦就可能酿成严重的后果。

五、人际交往的影响因素

（一）仪表

个人的仪表包括长相、仪态、风度、穿着等，这些都会影响人们彼此间的吸引。尤其是在初次见面时，由于第一印象的作用，仪表因素在人际交往中占重要地位。虽然很多人都明白"人不可貌相"的道理，但是在人际交往过程中，人们往往还是难以摆脱仪表所起的微妙作用。

仪表之所以能成为影响人际交往的一个重要因素，是因为爱美是人类的天性。美丽的仪表能够使人产生身心愉悦感，容易对交往对象产生好感。更为重要的是，仪表的美丑往往会产生晕轮效应，即由一点而推及其他。所以，美丽的仪表往往会使人认为这个人还有其他一系列的优点，反之亦然。西方心理学家的研究表明，即使执法如山的法官在法庭上给罪犯判决时，也难免不受仪表因素的影响。心理学家赛格尔和奥斯特夫的研究证明，法官的判决受罪犯仪表的影响极大。对犯同样罪行的盗窃犯，外貌漂亮的平均被判刑 2.8 年，而不漂亮的平均为 5.2 年。不过，对于诈骗犯、性犯罪者的处罚则有所不同。法官们似乎认为，越是漂亮的诈骗犯、性犯罪者（多指女性），越应该重判。综上所述，仪表在人际交往过程中起了不可忽视的作用。但是研究也表明，随着交往时间的增长，双方了解的程度加深，仪表因素的作用也会越来越小，人际交往的吸引力将从外在的仪表逐渐进入人们内在的品质。

（二）空间距离

俗话说："远亲不如近邻。"这说明空间距离是形成密切的人际关系的一个重要条件。因为距离近，使双方交往和接触的机会增多，彼此间更容易了解熟悉。如同班、同组、同院的人更易成为朋友。美国心理学家费斯廷格等人调查研究了一个区域里的友谊模式，他们向 17 座独立的二层楼房里的住户提出询问："在该区社交活动中你最亲近的是哪 3 个人？"结果发现居民与住得最近的人更亲近，最容易建立密切的友谊关系。其中有 41% 的人选择了隔壁的邻居为朋友，22% 的人选择了隔一扇门的邻居为朋友。由此可见，空间距离的邻近是密切人际关系的一个非常重要的条件。当然还不能说距离的邻近一定具有吸引力。我们知道，自己所喜欢的人往往是邻近的人，而自己厌恶的人，也有邻近的人。邻近性是相互吸引的一个重要条件，但不是充分必要条件。

（三）交往频率

人们接触的次数称为交往频率。交往的次数越多，越容易具有共同的经验、共同的话题和共同的感受，因而越可能建立密切的关系。尤其对素不相识的人来说，交往频率在形成人际关系的初期起着重要作用。在心理学家荣克的一个实验中，他让几名女性被试"无意"地碰到5个陌生的妇女。实验不允许被试和这5个妇女直接接触，而这5个妇女露面的次数有的多，有的少，然后要求被试回答他们喜欢哪一位妇女。结果发现，被试喜欢的人与对方露面的次数有关。最喜欢出现了10次的，较不喜欢只出现了一次的妇女。类似的实验做过多次，都说明交往频率也是增进相互吸引的一个因素。

当然，交往的内容和态度在人际交往中也是至关重要的，如无诚意，只是停留在一般应酬上，即使交往频率高，那也只是貌合神离，人际关系也不会真正密切起来。

（四）相似性

相似的因素有很多，包括年龄、性别、学历、兴趣、性格、气质、态度等。研究表明，在教育水平、经济收入、籍贯、职业、社会地位、社会价值、资历等方面相似的人容易相互吸引。在相似性因素中，态度是最重要的因素。例如，在政治观、宗教信仰、对社会现象的看法等方面比较一致的人，在情感上更为融合，即所谓志同道合，情投意合。

相似性有助于人际交往，这是因为：首先，各种相似的因素使人具有较多的共同参与社会活动的机会，因而人们接触较多，容易熟悉和相悦；其次，相似性可使交往双方产生一种社会增强作用，能满足双方共同的需要；最后，相似性可使人与人之间的意见容易沟通，由于较少有沟通上的障碍，可减少误会、曲解和冲突，从而有利于维护良好的人际关系。人们通常所说的"物以类聚，人以群分"，就是这个道理。

（五）互补性

所谓互补是指人的个性表面的差异，由内在的共同观点或看法来弥补。如果相似性是客观因素，那么，互补性可视为主观因素。互补性实际上是一种主观的需要或动机。有时两个性格很不相同的人相处很好，并成为好朋友，这就是由于双方都知道自己的长处和短处，都想利用对方的长处来弥补自己的短处，这是一种心理上的需要，基于这种需要，双方可以和睦相处。

美国社会心理学家克克霍夫等人研究了恋爱中的大学生，结果发现，对短期伴侣来说，导致相互吸引的主要是相似的价值观念，而驱使伴侣发展长期关系的动力则主要是需要的互补。在我们的日常生活中，无论是一般的朋友之间，还是夫妻、恋人之间，既有"志同道合"的相似性因素作用，也有"珠联璧合"的互补性因素作用。

（六）能力

一般来说，一个人的才能出众或有某方面的专长，对别人就有一种吸引力，使人愿意与他交往。那么是否人越聪明能干就越招人喜欢呢？社会心理学家阿伦森的研究结果显示：一个极其聪明能干的人，会使人感到高不可攀，敬而远之，人们往往不敢与之交往。相反，有小缺点、才能超群者往往更受人们喜爱。

但是，有些小缺陷而才能卓越的人对两种人缺乏吸引力。一种是能力差，而自尊心低的人，他们对能力高超者有崇拜心理，并可能产生晕轮效应，即认为他应是十全十美的，不应该有不能克服的缺点，因此对有小缺点的名人在自己心目中的形象打了折扣，滋生鄙夷之情。另一种是能力强、自尊心脆弱的人，他们对于才能出众而连一点小缺点也不能克服的人感到失望，认为这种人不值得崇拜。

（七）个性品质

在影响人际交往的诸因素中，个性品质是最重要的因素。在人际交往的初期，一个人的仪表往往具有较大的影响，但随着交往的加深，这种影响会逐渐减弱，而个性品质的影响则逐渐增大。同外表美相比，优良的个性品质具有更持久的人际吸引力。中央教育行政学院心理教研室对 3000 多名大学生的"择友标准"进行过调查，结果表明，多数大学生把"诚实坦率"（占 64.8%）"品德高尚"（占 60.5%）和"聪明有才华和富于创造精神"（占 43.9%）作为择友的首要标准，其他受到重视的品质为尊重别人、看重友谊、兴趣广泛、助人为乐和风趣幽默等。

第二节　学校人际关系概述

学校中的人际交往，是现实社会生活中众多人际交往的一种。学校存在各种各样的人际关系，如师生之间、学生之间的关系。良好的人际关系不仅对个体的生活、学习和工作具有极其重要的意义，而且是影响群体心理和行为效率的重要因素。

一、学校人际关系的含义

（一）学校人际关系的概念

学校领导者和师生员工在学校教育活动过程中，彼此通过交往而形成的在心理上亲近或疏远的关系，称为学校中的人际关系。学校中的人际关系是学校各个组织部门之间、领导者之间、领导者与被领导者之间、教师之间、学生之间、师生之间等的社会关系在心理上的反映。如果学校的各种人际关系是和谐、亲密、友好、合作的，就会增进师生员工的团结，提高教育效能和学习效能，顺利实现学校教育工作的目标。反之，则会产生心理冲突，导致分裂，相互攻击，从而降低教育活动的效能，致使学校的教育工作目标难以达到预期的效果，甚至在人际关系恶化时难以开展日常的学校工作。

（二）学校人际关系的特点

1. 教育性

学校的一切工作都是围绕教育学生进行的，学校人际关系的特点，首先在于它受制于教育的目标以及为实现教育目标而进行的教育实践。因此，学校人际关系的评价和调节，是以是否有利于教育目标的实现为首要原则的。离开教育目标的实现来谈学校人际关系，就偏离了学校教育的主题。

学校人际关系的教育性往往是潜移默化地作用于学生的。如果学校领导者与下属之间民主和谐，教师与教师之间团结合作，教师与学生之间友爱互助，那么在学校亲密友好关系的熏陶下，学生之间的关系肯定和睦有序。良好的人际关系，必然带来良好的教育效果。反之，如果学校上下左右关系紧张，冲突频繁，那么学生之间的关系也会冷漠混乱。不良的人际关系，必然带来不良的教育后果。学校人际关系的教育性，既体现在教育内容上，也体现在教育手段上。首先，就教育内容而言，学校人际关系的性质、功能、特征、内容，以及怎样形成良好的人际关系等是重要的教育内容。其次，就教育目的而言，让学生在学习和掌握必要的人际关系知识和技能的基础上，增强认识和判断人际关系的能力，学会处世做人，这是教育目的的组成部分。最后，就教育手段而言，良好的学校人际关系不仅能激励师生努力工作和学习，而且能促使人们接受意见，改正错误。例如师生彼此信任、关系融洽，学生就更容易听取教师的批评意见，迅速纠正错误。又如在课堂教学中，良好的人际关系会产生和谐的心理氛围，师生都会精神饱满，注意力集中，教学效果自然更好。

2. 纯洁性

学校是传播知识的场所，是培养人才的基地。在学校里维系师生员工人际关系的纽带主要是知识、思想和情感等精神性的东西，而不是物质利益和其他。因此说，纯洁性是学校人际交往和人际关系的一个重要而显著的特点。

学校人际关系的规范性和纯洁性还与中小学教育和管理的对象是青少年学生分不开。小学生稚嫩无瑕，中学生亦单纯天真。他们的心理正处于从不成熟向成熟过渡的关键时期，其认知、情感、意志以及个性的发展，在学校里，是通过与师生员工的交往主要是通过与教师的交往而实现的。教师通过与学生频繁的、面对面的直接接触，在课堂上，以自己丰富的学识、严谨的态度、炽热的情感、求实的作风示范指导着学生；在课外，以自己热诚的关心、孜孜不倦的精神和循循善诱的教导感染着学生；在日常生活中，还以自己广泛的兴趣和对生活的热爱，以及公正无私的榜样行为熏陶着学生。这就要求学校以教师为主体的教职员工之间的人际关系，必须符合道德规范，以纯洁的人际关系对中小学生产生良好的影响。另外，学校是法定的传播文化知识和接受文化知识的场所。无论是教师还是学生都深受文化知识的高雅和洁净所浸润，久而久之，校园中的师生相对纯朴，精神境界比较高尚。因此学校中的人际关系也不可避免地受着文化知识的浸润，并染上清纯圣洁的色彩，这就使学校成员，尤其是教师，在运用人际称呼、采取人际行为、处理人际矛盾等方面带有更多的纯洁性。

3. 丰富性

在学校组织中，所有成员之间都能进行直接的、频繁的、丰富多彩的交往，形成这个特点的主要原因是：其一，教育活动是以人际交往为特征的，特别是传统教育。在学校里，几乎全部教育活动，如思想教育工作、课堂教学和各种课外活动等，大都是以人际交往的形式进行的信息沟通。所以，学校越是追求教育效果，学校的人际关系也就越丰富多彩。其二，学校组织管理层次少，成员之间的时空隔离性小，交往极为方便易行。这就在客观上为人际关系的丰富化提供了有利条件。其三，学校是传播精神文明的场所，是知识分子集中的地方，所以，追求丰富多彩的精神生活是学校成员的特点。因此，在学校里，人们之间的交往活动和友谊，不论是同事之间，还是干群之间、师生之间，都十分活跃。这也是学校人际关系丰富化的内在原因。

此外，学校人际关系的这种丰富性还表现在其多样化方面。学校教育的影响来自诸多方面，由此也带来了学校内部人际关系的多系统、多层次和多方位。诸如领导与被领导之间、教师之间、师生之间，以及作为教育对象的学生内部之间，还有师生与校领导、教师与家长、教师与社会成员之间等，各种关系纵横交错，形成网络。学校这种复杂的人际关系也正是其丰富性的外在表现。

（三）学校人际关系的意义

良好的人际关系对学校每个成员，所属群体和整个组织系统的存在和发展，对学校管理活动、教育和教学活动等方面，特别是对学生的发展和成长，都有较深远的影响，并最终影响到整个学校的教育职能和组织效能的发挥。

1. 良好的学校人际关系有利于调动师生员工的积极性

在良好的人际关系中，人们不仅心理上有安全感，而且温暖与体贴、信息与智慧等都会随着相互间的交往而来。尤其在遇到困难时，四处都会伸出援助之手，这往往容易使人形成不负他人，并以努力工作和学习回报他人的心态。另外，由于关系密切，互相信任，学校成员之间容易出现互相仿效，你追我赶，不甘落后的局面。心理学家发现，良好的人际关系可以提高学生的学习抱负。例如，一个学生如果他的好朋友打算考大学，那么他很可能也想考大学。

2. 良好的学校人际关系有利于师生员工的心理健康

良好的人际关系是衡量一个人心理健康的重要标准，是影响一个人心理健康的重要因素。良好人际关系意味着人们之间交往频率高，知识、技术、信息等交流快，有利于个体能力的发展。另外，良好人际关系意味着人们之间可倾诉衷肠，分忧愁，解苦闷，使情绪稳定，可避免不少心理问题。良好的人际关系还意味着彼此信任，在思想、信念、态度、价值观等方面相互学习与汲取，从而提高人的精神境界。近年来大量的心理学研究还从反面证明了这一点，有研究发现，儿童时期的不良人际关系容易导致青春期的破坏性行为及成年期的心理疾病。总之，大量的研究结果表明，小学和初中阶段的不良人际关系，预示着高中阶段的心理隐患；而小学和中学的不良人际关系，又预示着成年的心理危机。

3. 良好的学校人际关系有利于教育质量的提高

教育质量是由学校成员合力创造的。当学校人际关系处于和谐协调状态时，人们相互支持、步调一致，容易形成合力，教育质量往往较高。反之，人际关系紧张，相互对立，甚至故意设置障碍，教育力量不是内耗掉了，就是难以直接作用于学生。尤其是师生关系紧张时，学生对教师不信任，不愿接受其教育，教育质量就更难以保证。

4. 良好的学校人际关系有利于组织巩固和发展

学校组织的巩固和发展需要群体成员同心同德，拧成一股绳，而这又依赖于良好的人际关系。因为只有人际关系密切，大家认同感强，才能同心同德，也才有组织的较大凝聚力。相反，人际关系紧张，互不相信，安全感下降，甚至经常要提防被人暗算，要分出许多精力去应付人际纠葛，有些人受不了，便想一走了之。日本学者调查发现，约有95%的人调动工作是由于人际关系问题。当人心涣散的时候，组织也就难以巩固，更谈不上有较大发展了。

二、师生关系

（一）师生关系的含义

师生关系是指师生之间在教育教学过程中所发生的交往和联系，包括为完成教育教学任务而发生的工作关系，以满足交往而形成的人际关系，以组织结构形式表现的组织关系，以情感认识等交往为表现形式的心理关系。师生关系是学校中最基本，也是最主要的人际关系，它包含十分丰富的社会、伦理、教育和心理内容。师生之间关系如何，直接影响教育教学工作的顺利进行和效果，有的教师虽然知识渊博，功底深厚，但不善于同学生建立融洽的师生关系，甚至产生对立情绪，学生往往因为这位教师的原因而不愿意学他所授的那门学科。相反，有的教师不仅注意提高自身的业务素质和专业水平，更善于同学生建立亲密的人际关系，学生往往因为对这位教师的喜欢而特别爱学他所教的学科。青少年学生往往为博取他所喜爱和尊敬的教师的好感和关注，为获取与教师交往的需要满足而努力学习，所谓"亲其师，信其道"便是这个道理，教师也会因为学生对他的尊敬和爱戴而更加热爱教育工作。

越来越多的研究和实践经验表明，教师对学生深刻的、久远的、广泛的影响不仅仅是课堂上有限的知识传授，更多的可能还是教师无处不在的、无形但十分强有力的内在人格和精神。毫无疑问，无论是通过什么样的手段、形式或载体来影响学生，它都要求教师与学生保持最密切的交往，形成紧密的人际关系，缺乏这一必要的前提和环境，教师的影响力就会严重下降和大打折扣，甚至谈不上教育教学活动的开展。为提高教育教学效果，增强教师对学生的影响力，作为师生关系的主导方面，教师应为开创新型师生关系，积极承担更多的责任，付出更多的努力，并能真正成为学生的良师益友。

师生关系的类型主要有：

（1）紧张型师生关系。这种类型的师生关系表现为教师以自我为中心，对待学生简单粗暴，主要依靠强制力量来影响学生，喜欢训斥、批评学生，对差生讽刺、挖苦，伤害学生的自尊与人格。学生对教师心中不满，行为多抗拒或不合作。师生情感对立，人际关系紧张，教学气氛压抑、沉闷，学生厌学。

（2）冷漠型师生关系。这种类型的师生关系表现为教师无视建立良好师生关系的重要性，教学缺乏热情，对学生不冷不热，不闻不问，教学管理松弛，师生之间实际交往时间很少，双方互不了解，互不信任，互不亲近，彼此漠不关心。课堂气氛平淡无奇、缺乏生气，学生对教师敬而远之，师生之间互不吸引。

（3）庸俗型师生关系。这种类型的师生关系表现为师生间交往和关系的实用性、功利性、商业性的色彩浓厚，教师对学生过分迁就，该严不严，该管不管，甚至拉拉扯扯，吃吃喝喝，着意迎合学生，满足学生不正当的要求。而学生对教师则曲意逢迎，刻意讨好，请客送礼，原本纯洁的师生关系沦丧为庸俗的物质利益关系、商品交易关系和金钱关系。

（4）亲密型师生关系。这种类型的师生关系表现为教师对待学生亲切友好，学生尊敬热爱教师。师生交往正常而频繁，相互理解、相互信任、相互尊重，教学气氛生动活泼，师生配合默契，教学相长，人际关系融洽和谐。

（二）师生关系的发展

学生对教师的认识和对待教师的态度，对师生关系有极其重要的意义。儿童随着年龄的增长、知识的增加和社会经验的丰富，对教师的认识和态度均有不同程度的发展和变化，而这些无疑影响着师生关系的建立和维护。师生关系的特点随着学生年龄的变化而变化，不以人的意志而转移。了解这种发展变化的轨迹，可以使教师在构建和处理师生关系时保持冷静的态度，不因关系平稳而忽视问题的存在，也不因关系不平稳而惊慌失措。

在学生的童年期，教师在学生的心目中是绝对的权威。他们对自己的老师既信赖又敬畏，教师要求他们做到的一切，他们几乎能无条件地服从。并且，常以教师的是非标准为自己的是非标准，在这个时期，教师的权威地位没有受到学生的挑战，师生关系比较平稳。实际上，这种关系是向教师一边倾斜的。

到了少年期，即小学高年级和初中时期，随着同伴之间交往的增多，学生无条件信赖、服从教师的程度有所下降，而同伴的重要性和影响力显著提高。他们常常自觉不自觉地在一起评论自己的老师，对于满意的教师表现出亲近，对于不满意的教师表现出疏离或反抗。在这个时期，教师的权威地位开始受到挑战，师生关系中出现了不平稳状态。这种状况会给教师的工作带来一些麻烦。

进入青年初期以后，直到高中毕业之前，由于知识经验的增长和思维的独立性、批判性的增强，学生对师生关系有了新的要求，那就是希望从教师那里获得更多的独立和尊重、关心和信任、友好和平等。同时，他们对教师的专业水平、教学能力等，也有了更高的期望。能满足这些要求的教师，会受到学生的欢迎，形成和谐的师生关系；反之，要形成和谐的师生关系就比较困难。简而言之，这一时期的学生，所要求于教师的是平等的人格与出色的教学能力。

（三）师生关系的阶段

1. 接触阶段

这是教师与学生开始直接交往，由不相识到相识的阶段。这一时期，教师与学生都能按照规定的角色进行交往。学生对教师毕恭毕敬，教师对学生客客气气，礼节性行为掩盖着双方的真实风貌。但双方内心都有更多了解、熟悉对方的意图，教师尤其如此。教师总是围绕学生熟悉的话题对话，尽量消除学生的拘谨与紧张，努力捕捉有助于了解学生的一切信息，如家庭背景、个人爱好等等。初始交往给双方留下的印象，往往对以后的交往有直接影响。就教师而言，由于工作职责的缘故，无论他对学生的印象如何，都会进一步与学生交往。但学生可能不一样，如果他对教师的形象缺乏好感，那么他就有可能采取敬而远之的态度，回避教师。

2. 接近阶段

这是双方经过一定的交往、接触之后，陌生感逐步消除，心理距离开始缩短，感情交流代替礼节性应酬的阶段，这时双方都形成了关于对方的大致印象，并做出了较好的评价，因此有加强交往尽快使关系密切起来的意向。当然也有可能对对方的印象并不甚好，但为了取得一定的教育效果，而有意识地接近对方。接近既是教师与学生关系发展的一个阶段，也是一种状态。

3. 亲密阶段

这是接近阶段深入发展的结果。其主要特征是双方从浅层的信息交流发展为心灵的沟通，情感的交融。此时双方无论是认识、情感还是行为都有较大的协调性。例如，教师安排的学习任务，即使繁重且艰难，学生也非常理解教师的用心，没有丝毫怨言。同样，学生提出的要求，即使有些过分，教师也能理解，并耐心说服，不至于反感。师生间相互吸引、相互尊重和信任，已建立起一种和谐紧密的师生关系。

三、同学关系

（一）同学关系的含义

同学关系，是在同学之间进行交往和相互作用的基础上建立起来的学生与学生之间的心理关系，它是除教师之外的班级成员之间关系的总和，包括学生个体之间的关系、班级内的学生群体之间的关系以及学生群体与个体之间的关系。同学关系是学生人际关系的主体，它既要受成人的人际关系的影响（包括影响随年龄的增长而加大），又受学生自身的年龄特征的影响。在学校情境中，学生间的相互作用和交往以及由此而形成的同学关系是课堂教学的前提和背景之一。

学校及课堂是人际关系的重要场所，人们历来重视师生之间的交往和相互作用，相对比较忽视学生之间的交往和关系。一般认为师生关系非常重要，而同学关系被认为对学生学习等没有什么影响。虽然，有时认为同学关系在学校和课堂中确实有些影响，但多被看成是偶然的影响，甚至是消极的影响。根据这一观点，学校里往往只允许学生在课外进行交往，在课堂上所保证的是教师讲练与学生独立学习，同学之间的相互关系被看成是与课堂目标不一致的行为。

研究与事实表明，这一观点和做法是不恰当的。约翰逊指出，教师的课堂行为都发生在学生同伴关系的环境之中。一个学生按照教师的要求做出某一反应时，他已意识到自己置身于同学关系之中，受到同学的情感、态度和相互关系的影响与约束，其他同学接受的观念和行动会对这个学生发生影响。例如，教师希望学生积极回答课堂的问题，但如果积极发言被一些学生视为假积极、出风头的话，这个学生和另外一些学生也会受其影响不积极思考，不愿发言。所以同学关系对学生的心理与行为的影响是比较大的。学生在学校的绝大部分时间是与同伴一起度过的，同学关系对他们有极其重要的意义。

（二）同学关系的影响

1.影响学生的学习

许多研究表明，同学之间友好的或敌视的关系对学习有很大的影响，在友好的、相互关怀的同学关系中得到支持的学生比受到同伴排斥的学生在学习上更能发挥潜力。研究发现，具有更经常、更亲密同伴关系的学生，其成绩要高于没有亲密同伴关系的学生。同学关系的好坏不仅影响着个别学生的学习成绩，也会影响班级整体的学习效率和学习成绩。在一个班集体中，良好的同学关系使学生感到精神和谐、愉快，避免了因同伴关系不良而带来的紧张、焦虑、冷淡、攻击等消极心理，进而促进了学生的学习。另外，同学关系还会影响教师的工作体验和工作的顺利进行。良好的同学关系有利于教学工作的进行和教学目标的实现，使教师不因解决学生之间矛盾而烦恼，全身心投入教学，提高了学生的学习效率。

2.影响学生的社会化及社会能力的获得

同学间的交往为学生的社会化提供了演习、观摩及模仿的机会和场所，提供了榜样和强化，学生通过同伴交往可以获得从他人角度看问题的能力，即能够理解他人怎样看待某个情境，设想他人在认知和情绪上会对这一情境做出什么样的反应；学生通过与同伴的交往来学习、练习、巩固与内化各种社会行为规范。研究表明，那些具有稳定的、亲密的同伴关系的学生，将获得更多的社会经验，掌握更强的社会交往能力。在和同学的交往过程中，学生形成对某些事物的态度和价值观，获得一些从教师及其他成人处得不到的信息，如需要培养哪些能力、阅读哪些书籍、欣赏哪些音乐等。同时，社会能力如社会认知能力、社交技能和策略，又与社交地位是密不可分的。如果儿童具有熟练地掌握、建立、保持友谊的社会技能，那么他会比那些缺少社交策略的儿童更受同伴的欢迎。一些研究也发现，最不喜欢某些儿童的原因被提到最多的是具有各种攻击性行为，儿童没有表现出适宜的社交策略，所以变得不受同伴的欢迎。

3.影响青少年自身的心理健康

与人交往和合作是心理健康的主要指标之一。研究表明，孤独儿童会表现出高焦虑、低自尊、情绪不稳、出现回避行为或攻击性行为等一系列不正常行为。很多研究都证明，孤独儿童在进入青春期后，出现过失行为和犯罪行为的比例远远超过同伴关系良好的儿童。以攻击性行为为例来说明其原因可以发现，在同伴交往中，儿童获得了平等的相互攻击的尝试机会。在相互攻击过程中，儿童能学会有效的攻击行为，同时也掌握了限制攻击行为的规则，攻击行为因此而得到调节，出现的比例下降。

（三）同学关系的类型

1.人缘型

在一个班级中，一般有 3 ~ 4 人是最受欢迎的"人缘儿"，大家都喜欢与之交往，朋友多。学生成为"人缘儿"的心理因素大致是：一是有能力，责任心强，他的存在有利于集体及其成员，从而易形成集体成员追随、拥护的心理；二是知识、技能掌握得好，并乐于助人，从而使集体成员产生佩服或求助的心理；三是有良好的品德，并能影响别人，从而易形成集体成员信赖、尊重的心理；四是善于交往，并能了解人、团结人。此外，个人的仪表因素，家庭的社会地位、经济状况、身体因素也起着一定的作用。

2. 嫌弃型

一个班级中一般也只有 3 ~ 4 人，是在人际关系中处于被排斥地位的"嫌弃儿"，大家不愿意与之交往，朋友少。嫌弃儿受排斥的因素较多，但共同的心理因素是：一是品德不良，往往给集体及其成员带来麻烦，从而使集体成员产生回避、抛弃的心理；二是学习漫不经心，成绩低下，从而造成集体成员鄙视、讨厌的心理；三是不乐于或不善于交往，与同学团结不好，由于心理不相容而造成集体成员对之冷淡、疏远而陷于孤立。以上是就一般情况而言的，但不排除特殊的情况，因为现实生活中也会有成绩好的"嫌弃儿"和成绩不太好的"人缘儿"。

3. 孤独型

在班级中处于孤独、游离状态的是"孤独儿"。这类学生的情况比较复杂，可能是由于性格孤僻、对交往不感兴趣；也可能是由于羞怯不敢与别人交往；又可能是由于不善交际，不知怎样接近别人。但这并不意味着这些学生在集体中总不受欢迎，因为很可能他在另一班级、另一学校或邻里中有自己的小圈子，只是和同班同学没有交往的需要而已。一般地，这些学生在班级内也能使自己的行为与集体保持一致性。

从理论上讲，在一个目标一致、团结友爱的集体里，不应有嫌弃和孤独的现象。但在集体的形成和发展的过程中，出现这三类人的现象却是客观存在的。除了上述三种人在班级内的分化外，班级人际关系的另一个特点是少数人开始成为学生中的头头，其中有正式集体的头头和非正式集体的头头。有的能领导集体完成工作任务，称"工作型头头"；有的关心同学，能使同学友好相处，维持集体的良好状态，称"团结型头头"；有的学习成绩优异，热情帮助同学学习，称"博学型头头"；有的只是在某种活动、情境中成为头头，活动结束，情境改变，即不成为头头，如体育活动、参观旅行等，称为"情境性头头"，等等。学生干部可能是受欢迎的人、有威信的人，也可能不是。非正式头头在他那部分伙伴中是最有威信的人。实际生活中，一些受学生欢迎、具有较高威望的学生，可能因得不到班主任的支持而不能成为干部；反之，一些学生干部可能实际上是由班主任指定或暗示而产生的，其他同学并不欢迎这些学生干部。

同学关系的类型主要有：

（1）友好型。友好关系的特点表现为双方接近、融洽、信任、亲密，富有吸引力。同学之间心理上彼此相容，相互吸引。友好关系本身又有性质和程度上的区别，有健康、积极的良好关系，也有不健康、消极的友好关系；有感情深厚的友好关系，也有感情一般的友好关系。

（2）对立型。对立关系的特点表现为相互不融洽、排斥、摩擦、冲突、厌恶、嫉妒、嫌弃，甚至争斗，同学之间心理上彼此不相容，行为上不能合作。对立型的关系也有性质和程度上的区别，在性质上可分为原则性的对立和非原则性的对立，在程度上有公开的激烈的对立、对抗和非公开的一般性的摩擦与互相排斥。

（3）疏远型。疏远关系的特点表现为互不关心、互不信任、互不吸引，同学之间在心理上相互忽视，他们之间的交往和关系若有若无，表现为同学之间情感淡漠，交往很少。

第三节　大学生人际交往的调适

处于青年期的大学生，思想活跃，精力充沛，兴趣广泛，人际交往的需要极为强烈。他们力图通过人际交往去认识世界，获得友谊，满足自己物质上和精神上的各种需要。因此，青年期的大学生尤其希望被人接受、理解。在人的一生中，再也没有像青年时期那样有强烈的渴望被理解的愿望。没有任何人会像青年那样处在孤独之中，渴望着被人接近与理解，没有任何人会像青年那样站在遥远的地方呼唤。

一、大学生人际交往的特点

（一）交往愿望的迫切性

大学生多数都是第一次离开家庭，离开父母，为了适应新的环境、丰富课余生活，他们在大学期间尽量广交朋友，扩展生活空间。而同时，人际交往又是使大学生开阔视野、早日成熟、适应社会的重要途径。因此，大学生表现出比以往更加迫切的交往愿望。

（二）交往观念的自主性

大学生由于个体的主体意识迅速增强，独立意识、自主精神也明显加强。在人际交往上他们不想过分依赖父母、依赖家庭、依赖老师，有着强烈的成人感。在交往方式、交往内容与交往对象的选择上，都具有明显的自主性。他们在交往活动中敢于大胆发表自己的见解，不愿意简单地接受信息、人云亦云，而希望通过交流思想、感情，探讨共同感兴趣的问题。

（三）交往内容的丰富性

现代社会的大学生，再也不是那种"两耳不闻窗外事，一心只读圣贤书"的书呆子了。大学生们兴趣广泛、情感丰富、精力充沛、思想活跃，对各种自然的、社会的现象都会产生注意，希望自己见多识广，使得他们交往的内容变得非常丰富。除了专业知识之外，交往的内容广泛涉及文学艺术、政治、经济、文化、历史、民俗等各个方面。

（四）交往系统的开放性

大学校园里的学生来自五湖四海，家庭状况、生活经历各异，而且又有高等学府中信息灵通的特点，这些决定了大学生的人际交往是一个多层次、多方位的开放性系统。加之现代交通工具、通信工具的发达，为大学生开放性的人际交往提供了客观条件。

二、大学生人际交往的艺术

人际交往能力在人的工作、事业、家庭中起着至关重要的作用，良好的人际关系是成功的基础。人际交往是一门艺术，处理好人际关系需要注意以下几个方面。

（一）锤炼语言

在交往过程中，语言不仅担负着传递信息的功能，而且是激励或抑制交往成员情绪的影响手段，从而来调节人们的交往行为。俗话说："茶壶煮汤圆——肚子有货，倒不出。"也就是说信息传递者已经具备了各种信息，却不能利用语言这一手段来传递。这对人际交往有很大妨碍，因为人际交往大多数情况是语言交流。传递信息的准确性，有赖于语言能力的高低。"良言一句三冬暖，恶语伤人六月寒。"这句话告诉我们，交往时要注意运用语言的艺术。语言艺术运用得好，就能优化人际交往。相反，如果不注意语言艺术，往往在无意间就出口伤人，产生矛盾。

称呼得体。称呼反映出人们之间心理关系的密切程度。恰当得体的称呼，使人能获得一种心理满足，使对方感到亲切，交往便有了良好的心理气氛；称呼不得体，往往会引起对方的不快甚至愤怒，使交往受阻或中断。所以，在交往过程中，要根据对方的年龄、身份、职业等具体情况及交往的场合、双方关系的亲疏远近来决定对方的称呼。对长辈的称呼要尊敬，对同辈的称呼要亲切、友好，对关系密切的人可直呼其名，对不熟悉的要用全称。注意礼貌。第一，正确运用语言，表达清楚、生动、准确、有感染力、逻辑性强，少用土语和方言，切忌平平淡淡、滥用辞藻、含含糊糊、干巴枯燥。第二，语音、语调、语速要恰当，要根据谈话的内容和场合，采取相应的语音、语调和语速。第三，讲笑话要注意对象、场合、分寸，以免笑话讲得不得体，伤害他人的自尊心。第四，适度地称赞对方。每个人都希望别人赞美自己的优点。如果我们能发掘对方的优点，进行赞美，他会很乐意与你多交往。但是赞美要适度，要有具体内容，绝不能曲意逢迎。真诚的赞美往往能获得出乎意料的效果。第五，避免争论。青年大学生喜欢争论，但争论往往在互不服输、面红耳赤、不愉快甚至演化成直接的人身攻击或严重的敌意中结束。这对人际关系的影响是显而易见的。因此大学生要尽量避免争论，而要通过讨论、协商的途径解决分歧。语言艺术运用得好，就能吸引和抓住对方，从内容到形式适应对方的心理需要、知识经验、双方关系及交往场合，使交往关系密切起来。

（二）学会赞美

传统的中国人都不喜欢赞美别人，因为他们认为赞美别人是虚伪的表现，所以，对别人发表意见的时候，我们往往习惯于批评多于赞美，也就是不多说别人的好话。例如，中国人对孩子的评价就是这样。中国家长碰到一起的时候，总是说自己的孩子不行，这也不行，那也不行，如果碰到一个中国人，当然大家心领神会，知道这就是中国家长表扬自己孩子的方式，但如果碰到老外，难免会挠挠头，问："你的孩子真的有那么差吗？"虽然这是民族习惯的不同，但长期如此，孩子难免会产生自卑或反抗情绪。产生自卑的孩子会这样想："噢，原来我这么差，那还有什么希望呢？"产生反抗情绪的孩子会想："哼，我都这样用心了，成绩也不是像你说的那样见不得人啊，怎么你老在别人面前说我的坏话呢？"

不喜欢赞美别人的习惯，也许从你的父母、亲戚和朋友那里不知不觉地沿袭到了你的身上，现在是改一改这种习惯的时候了。人的本性都是喜欢受人夸奖的，适当的赞美能营造良好的氛围和和谐的环境，还能使人心情愉快，增强信心，而且根据交互的原则，你赞美别人，欣赏别人，也会导致别人赞美你，欣赏你，这无论是对你的人际交往还是心理健康都是有好处的。

（三）注意倾听

一般而言，人们都希望自己说的话能有人听，这能给人以极大的心理上的满足。有人说："会说，显示的是你的能力；会听，显示的是你的修养。"这有一定的道理，但在人际交往中，会听，不仅仅是显示修养而已。会听，还显示出听者对信息传递者的接纳，甚或承认、喜欢信息传递者。这样一来，根据人际交往的交互原则，信息传递者也就会对听者产生同样积极的态度，进而促进良好的人际交往发生。另外，倾听者的积极态度也保护了信息传递者的自我价值，这也有利于人际交往的进一步发展。

倾听时，不仅要用耳朵，更要用大脑及全部身心去理解、去感受。倾听指的就是集中精力全神贯注地听，也就是站在对方的立场上从对方的角度去听，去理解。这种倾听能给说话者以极大的心理上的愉悦，使他觉得自己很重要，觉得自己受到了足够的重视。因此这种倾听就不是在故作姿态，而是一种尊重他人、欣赏他人的表现。心理学家都是出色的倾听者，他们不仅会听，而且能从中产生与表述者的共鸣，以达到了解表述者的内心的目的。伟大的心理学家、著名的实用主义哲学大师威廉·詹姆士指出，人性最深的需要是渴望得到别人的赞赏。任何人都渴望被别人欣赏、尊重。任何人，无论其社会地位是多么卑微渺小，都希望成为一个受人关注的重要人物，都希望找到那种成为重要人物的感觉。

（四）善用非语言

非语言信息一般包括眼神、手势、面部表情、姿态、位置、距离等。掌握和运用好这种交往艺术，对大学生搞好人际交往是必不可少的。"眼睛是心灵的窗户""眼睛像嘴一样会说话"。面部表情是内心情绪的外在表现，它们均能表达人的态度和情感，如眉飞色舞表示内心高兴、怒目圆睁表示愤怒等。交往中还可用人体动作来表达思想，大学生在人际交往中根据谈话的内容和场合，正确运用非语言艺术，巧妙地表达自己的思想感情，有时能起到"此时无声胜有声"的作用。但非语言艺术要运用得恰到好处，不可过于频繁和夸张，以免给人手舞足蹈之感。

三、大学生人际交往中常见的心理障碍与调适

（一）大学生交往自卑及调适

大学生人际交往自卑的原因一般有以下几个方面的原因：一是缺乏自我认知。缺乏自我认知的人，往往高估别人，低估自己。在与他人比较时，习惯用他人的长处去比自己的短处，结果比出了自卑感，丧失了交往的勇气和自信心。二是消极的自我暗示。怀疑自己的能力，不敢自我表现，从难以与人交往到孤独的自我封闭。其特点是，当面对现实，衡量自己的能力时，往往产生"我不行"的暗示，从而抑制了自信心。三是长期的环境影响。如果一个人在儿童时期常常受到过多的指责和责备，遭到父母的压制、训斥，或家庭环境不好等，往往会导致在青年时期自卑心理的形成。四是生理条件相对不足。生理缺陷给大学生造成自卑感也是很常见的。比如有的大学生写文章走笔如神，可说起话来要么口吃、要么语塞；有的身材短小，容貌不佳，总觉得别人难以接纳自己，怀有自卑心理，交际被动，与异性朋友交往，更加缺乏信心。

为此大学生在交往过程中首先要客观地进行自我分析。不仅要看到自己的短处，也要如实地看待自己的长处。这有助于克服自卑心理。马克思十分欣赏这样一句格言："你所以感到巨人高不可攀，只是因为自己跪着。"不信你站起来试试，你一定能发现，自己并不注定比别人矮一截，请用这句话来鼓舞自己吧。其次要进行积极的自我暗示，自我鼓励。暗示是指用含蓄、间接的方法对人的心理产生迅速影响的过程。自我暗示是来自内心的一种自我刺激过程。积极的自我暗示是指，即使自己处于不利地位，也要鼓励自己，增强自信，而不要先考虑失败了怎么办，同时还要建立符合自身条件的

抱负水准。一些同学往往因抱负水准过高，超过了本身能力所及，欲速则不达，结果自尊心受挫，感到自己没有能力，产生自卑心理。所以，自卑者应当随时根据已有的经验对自己的理想目标做适度的调整，以增加自我成功感，从而增强自信。最后要善于表现自己，积极与他人交往。在与人相处中，要善于表现自己，要扬长避短。要善于选择那些能发挥你长处的社交活动，尽量表现自己，这样，就可能在社会交往中打开局面。同时，一个人的生活经验越丰富、接触面越广，越能促进其对自身的了解。因此，每一位同学都不能把自己囿于某个固定的小圈子中，应不断地扩展自己的交际范围，去感受他人的喜怒哀乐，心胸就会变得更开阔。

（二）大学生交往孤独及调适

大学生交往孤独心理形成的原因可以概括为：一是性格因素。有的学生性格内向，只注意自己的小天地，虽然内心体验深刻，但不善于与人交流；有的性情孤僻或孤傲，这样就阻碍了正常的交往。二是因过于自尊而孤独。处于青春期的大学生最为重要的心理成果就是发现了自己的内心世界，发现了自我与其他同学之间的心理差异，产生了与同学交往的强烈愿望。但由于过于自尊和缺乏交际知识，又不肯轻易向别人敞开心扉，于是忧心忡忡，闷闷不乐，心中充满了对友谊的渴望而又不去行动，孤独感随之而来。三是环境因素。如果一个人长期生活在缺乏理解与友爱的环境中，处在长期压抑之下而没有凝聚力的群体之中，往往会感到孤独。有的大学生进入校园后，很难适应变化了的环境，对校园的一切感到陌生和不习惯，迟迟进入不了角色，也很难体验到归属感，其结果便是郁郁寡欢、沉默孤独。

大学生人际交往孤独心理的调适方法主要有：首先，要把自己融于集体之中。任何一个同学都处在一定的环境中，拒绝把自己融于集体之中去，孤独肯定会格外垂青他。我们既要保持灵魂独舞的空间，也要与环境有所趋同，如果常常以冷漠甚至厌恶的眼神看待其他同学，陷于自视清高而不可自拔，集体也会对他进行排斥，这样就会影响个人发展。其次，要积极参与社交活动。要敢于冲破自我封闭的樊笼，越过心灵的障碍，通过广泛的交流寻觅知音，当真正感到与同学心理相容并为人所接受时，就会看到柳暗花明的新天地，享受到正常的人际交往的欢乐与幸福。最后，要克服不良的性格，培养高尚的情趣，消除人际交往的障碍。

（三）大学生交往嫉妒及调适

大学生交往嫉妒心理形成的原因主要有：一是相对主体的差别。这个相对主体即嫉妒主体指向的对象既可以是具体的人，也可以是人的某一现象，亦可以是某一集体或群体，如单位与单位、家庭与家庭之间的嫉妒。那种相对主体的差别既可以是现实的客观差距，比如财富和相貌的差距；也可以是非物质性的差距，如才能、地位的差别；亦可以是不真实的幻想带来的差距，例如总感觉室友之间特别亲热；还可以是对将来可能会遇到的威胁和伤害的假设，如上级对于下级才能的妒忌。二是错误的认识。将自己与周围的人在名利、地位、才干等方面进行错误比较，使心理失去平衡，从而带来心理障碍。或是认为别人取得了成绩，就说明自己没有成绩，别人成功了，就说明自己的失败；或是认为别人的成功就是对自己的威胁，是对自己利益的侵害。三是病理的信念。对某种不真实的思想内容坚信不疑。如坚信恋人对自己不忠实，与异性有不正常的交往，因而跟踪或监视。这是一种妄想型嫉妒，属精神疾病范畴。

大学生交往嫉妒心理的调适方法主要有：首先，学会转移注意。当你嫉妒某人时，总是因为他在某些方面的优势深深吸引了你，而你自己在这方面又恰好处于劣势，这一差异正是你产生嫉妒的根源。与此同时，你却没有注意到自己在另外一些方面优于对方。如果你有意识地把自己的注意力重心调节一下，便会使原先失衡的心理获得一种新的平衡。其次，要提高认识。好嫉妒的人的特性是"自大、自私"，往往从害别人开始，以害自己告终。对此，只有依赖自己提高认识，学会超脱，不断自我反省，改善自身的品性，做到谦虚谨慎。遇事时进行"位置互换"思考，替别人想想。最后，学会自我反省。嫉妒心是很难隐藏和掩饰的，在人际交往中容易被他人察觉。一旦别人发觉你嫉妒他，交往就会受到影响。与其这样，倒不如坦诚、轻松、愉快地与对方沟通，这样或许能获得意想不到的良性交往效果。如果仍然萌发嫉妒心，可以转移一下环境，投身于自己最喜爱的活动中去。

（四）大学生交往恐惧及调适

大学生交往恐惧心理形成的原因主要有：一是直接经验的影响。青少年在交往过程中屡遭挫折、失败，就会形成一种心理上的打击或"威胁"，产生种种不愉快的甚至痛苦的体验，久而久之，就会不自觉地形成一种紧张、不安、恐惧、忧虑、焦急等情绪状态。这种状态定型下来，就形成了固定心理结构，于是以后遇到新的类似刺激情境时，旧病发作，就产生了恐惧感。二是间接经验的影响。如看到别人或听到别人在某种交往情境中遭受挫折，或受到难堪的讥笑、拒绝，自己就会感到痛苦、害怕、羞耻。甚至通过小说、广播、报刊、电影、电视等途径也可以学到这种经验。他们会不自觉地据此来预测自己将会在特定社交场合遭受同样令人难堪的对待，于是紧张不安、焦虑恐惧。这种情绪状态的泛化，导致了交往恐惧症。三是家庭背景及其他因素的影响。从小性格受到压抑或者是父母没有教会他们社交的技能；或者就是搬家过多；或者是心理上的原因所致，如自尊心太强，害怕被别人拒绝；或者就是对自己的外貌没有信心等。

大学生交往恐惧心理的调适策略主要有：首先，应当明确认识社交是增长才干、了解人生和社会的有效途径，同时也是现代大学生不可缺少的生活技能，必须主动参加社交。其次，要调整心态，多参加交往活动。害怕交往主要是对交往有不正确的认识，没有掌握基本的社会交往的技能技巧，总有一种处于失败边缘的感觉，似乎每次参加交往都以失败而告终。其实，只有实践才是提高交往能力的唯一途径，那些在交往中能够应付自如的成功者，无一不是经历过各种场合、与各种人打过交道的，是实践和经验使他们有较强的交往能力。最后，要掌握相关知识。尽管人们都懂得开展交往的重要意义，但是有关社交的知识、技巧和艺术，以及相关的社会学、心理学和传播学知识却掌握得不够。所以应全面地掌握有关知识，真正明白道理，这对消除恐惧是大有裨益的。

参考文献

[1] 李宪芹. 高职院校大学生心理健康存在的主要问题及成因分析 [J]. 承德职业学院学报，2007（2）：12-14.

[2] 王世伟，马海珊，李阿特，林静. 积极心理学视野下的高校心理健康教育模式建构 [J]. 中国校外教育，2019（12）：90-91.

[3] 罗新兰. 大学生心理健康教育 [M]. 杭州：浙江大学出版社，2014：8.

[4] 房宏驰，王惠. 心理学视角下高职院校体育教学改革的思考 [J]. 教育现代化，2019，6（50）：33-34.

[5] 翟亚丽. 论家庭因素对大学生心理健康状况的影响及对策 [J]. 卫生职业教育，2015，33（3）：154-155.

[6] 郝颜. 职业院校大学生心理健康不良的产生原因分析及对策 [J]. 课程教育研究，2019，（15）：34-35.

[7] 向芬. 大学生思想政治教育与心理健康教育的整合：基于协同视域 [J]. 学理论，2016，（7）：248-249.

[8] 贾宝莹. 高校大学生网络心理健康教育与创新咨询方式研究 [J]. 科教文汇，2019，（2）：157-159.

[9] 黄欣荣. 大数据时代的思维变革 [J]. 重庆理工大学学报：社会科学，2014，28（5）：13-18.

[10] 张艳. 高校贫困生心理问题分析与救助 [J]. 江苏高教，2012（1）：133-134.

[11] 高兰英，温静雅. 艺术公选课与大学生心理健康教育的关系初探 [J]. 美与时代（下），2019，（6）：58-60.

[12] 林崇德. 积极而科学地开展心理健康教育 [J]. 北京师范大学学报（社会科学版），2003（1）：31-37.

[13] 李丽. 开展积极心理健康教育的方法探析 [J]. 安徽电子信息职业技术学院学报，2008（5）：92-93.

[14] 马存燕. 大学生主观幸福感的调查研究 [J]. 中国健康心理学杂志，2008（11）：1209-1210.

[15] 张倩，郑涌. 美国积极心理学介评 [J]. 心理学探新，2003，（3）：2.

[16] 向前 . 积极心理学视角下的发展性心理健康教育 [M]. 北京：中国书籍出版社，2014：2.

[17] 郑雪 . 积极心理学 [M]. 北京师范大学出版社，2014：3.

[18] 邵迪，罗骁 . 基于积极心理学视域的大学生心理健康教育研究综述 [J]. 品牌（下半月），2015，（1）：213.

[19] 马喜亭 . 高校积极心理健康教育模式探索 [J]. 北京教育·德育，2011，（574）：13.

[20] 彭梅 . 积极心理学视野下大学生心理健康教育研究 [D]. 哈尔滨：黑龙江大学，2014：31-38.